이것만 알면 통한다

한자능력 검정시험

5급

이것만 **알면 통**한다
한자능력검정시험 5급

초판 발행	2010년 05월 19일
초판 17쇄	2024년 08월 20일
발행인	이재현
발행처	리틀씨앤톡
편저	편집부
등록일자	2022년 9월 23일
등록번호	제 2002-000106호
ISBN	978-89-6098-110-2 (13710)
주소	경기도 파주시 문발로 405 제2출판단지 활자마을
홈페이지	www.seentalk.co.kr
전화	02-338-0092
팩스	02-338-0097

ⓒ2010, 씨앤톡 See&Talk

본 책은 저작권법에 의해 보호를 받는 저작물이므로 무단 전재와 복제를 금합니다.

우리말의 70%는 한자어입니다. 여러분 자신도 모르게 이미 많은 한자어를 알고, 일상생활에서 활용하고 있을 것입니다.

부모, 형제, 우정, 학교, 교실, 시험, 기차, 비행기

이 중에서 여러분이 모르는 단어가 있습니까? 위의 단어들은 모두 한자로 이루어진 한자어입니다. 한자를 공부해 본 적이 없다고 해도 이미 많은 한자어들의 뜻을 알고, 말하고 있습니다. 그만큼 한자는 우리의 언어생활에 있어 빠질 수 없는 중요한 문자입니다. 지금 여러분이 공부하는 한자는 단순히 시험 합격을 위한 것에 그치지 않고, 어휘력이 향상되어 언어생활도 더욱 풍부해집니다.

이 책은 여러분들이 보다 쉽고 재미있게 한자를 공부할 수 있도록 읽기 한자에는 내용에 맞는 삽화를 넣었습니다. 매일 한자 20자를 꾸준히 공부하여 25일동안 500자를 암기할 수 있습니다. 한자를 소리 내서 읽고, 여러 번 써보십시오. 한자를 바르고 예쁘게 쓸 수 있는 순서를 따라서 한 자씩 써나가다 보면 어느새 많은 한자들을 읽고 쓸 수 있을 것입니다.

지금 배우고 익히는 기초한자는 상위등급의 한자시험에도 계속 출제가 됩니다. 이 책으로 기초를 확실히 다지시고, 한자 학습을 꾸준히 해나가시길 바랍니다. 여러분들의 한자 학습과 수험서로 좋은 동반자가 되기를 바라며 합격을 기원합니다.

이 책의 활용방법

5급 배정한자 중에서 읽기만 해도 되는 한자 200자와 읽고 쓸 줄 알아야 하는 한자 300자를 구분하여 매일 20자의 한자를 외우도록 구성하였습니다. 일일 학습 후에는 확인학습을 통해서 복습하도록 하여 효율적인 시험준비를 돕습니다.

● **배정한자**

- 훈음, 부수, 총획수 : 한자의 기본 구성인 훈과 음, 부수, 총획수를 명확하게 기재했습니다.
- 반의자, 동의자, 비슷한 한자 : 해당 한자의 뜻과 반대되는 반의자, 뜻이 같거나 유사한 동의자, 한자의 모양이 비슷한 한자를 함께 실어 심화학습을 돕습니다.
- 한자해설 : 한자의 형성 원리, 한자를 구성하는 부분 한자들의 뜻을 풀이하는 해설로 쉽게 이해할 수 있도록 했습니다.
- 출제단어 : 시험에 출제된 단어들 위주로 구성하였으며, 일상생활에 많이 쓰이는 한자어입니다.
- 빈칸 채우기 : 배운 한자를 문장 속에서 활용하고, 어휘력을 향상시키기 위한 심화학습 문제입니다.
- 배정한자 따라 쓰기 : 한자쓰기는 한자 암기의 좋은 방법입니다. 한자를 외우면서 바로 써볼 수 있도록 한 페이지 안에 따라 쓰기 칸을 넣었습니다.

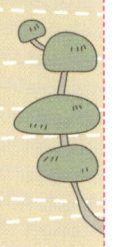

● 유형별 한자 학습

최근에 시험에 자주 나오는 단어, 어휘력을 향상 시키기 위한 일상 단어, 꼭 알아야 하는 필수 단어들을 총망라하여 보기 쉽게 정리하였습니다.

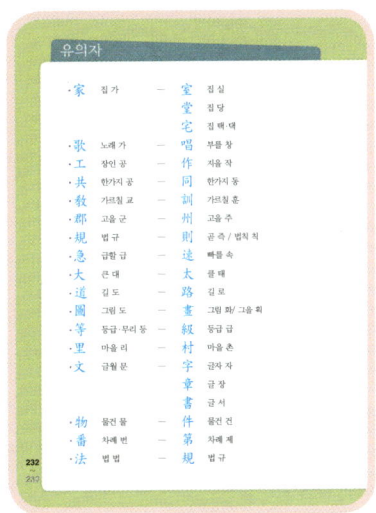

● 실전 모의고사

시험에 나오는 유형에 따라 5급 모의고사 3회를 수록하였습니다. 실제 시험을 보는 것처럼 뒷면에 있는 답안지에 답안을 작성해 보십시오.

- 한자능력검정시험 안내 　7
- 한자의 육서 　10
- 한자의 부수 　12
- 한자의 필순 　14
- 배정한자 미리보기 　17
- 배정한자 익히기 　26
- 확인학습 정답 　226
- 유형별 한자 학습 　231
- 5급 실전 모의고사 1회 　251
- 5급 실전 모의고사 1회 　255
- 5급 실전 모의고사 2회 　259
- 실전 모의고사 답안지 　263
- 실전 모의고사 정답 　269

한자능력검정시험이란

사단법인 한국어문회가 주관하고 한국한자능력검정회가 시행하는 한자능력측정시험입니다. 매년 4회의 시험을 실시하고 있습니다. 8급에서 4급까지는 교육급수로 하고, 3급Ⅱ에서 1급까지는 공인급수로 구분하며, 일반적으로 초등학교에 1,000자, 중고등학교에 1,000자, 대학교에 1,500자를 배정하여 총 3,500자에 이릅니다.

시험에 합격한 초, 중, 고 재학생은 그 내용이 수행평가 및 생활기록부에 등재되고, 대학 수시 모집 및 특기자 전형지원, 대입 면접 가산, 학점 반영, 졸업 인증 등의 혜택이 주어집니다. 기업체에서는 입사, 승진, 인사고과 등에 반영됩니다.

 합격기준

구분	8급	7급	6급Ⅱ	6급	5급	4급Ⅱ	4급	3급Ⅱ	3급	2급	1급
총문항수	50	70	80	90	100	100	100	150	150	150	200
시험시간	50분	50분	50분	50분	50분	50분	50분	60분	60분	60분	90분
합격점	35	49	56	63	70	70	70	105	105	105	160

※ 응시자는 시험 시작 20분 전까지는 고사실에 입실하셔야 하며, 동반자는 20분전까지 고사장 밖으로 퇴장하셔야 합니다. 답안 작성이 완료된 분은 언제든 퇴실이 가능합니다.

출제기준

구분	1급	2급	3급	3급Ⅱ	4급	4급Ⅱ	5급	6급	6급Ⅱ	7급	8급
독음	50	45	45	45	32	35	35	33	32	32	24
한자쓰기	40	30	30	30	20	20	20	20	10	0	0
훈음	32	27	27	27	22	22	23	22	29	30	24
완성형	15	10	10	10	5	5	4	3	2	2	0
반의어	10	10	10	10	3	3	3	3	2	2	0
뜻풀이	10	5	5	5	3	3	3	2	2	2	0
동음이의어	10	5	5	5	3	3	3	2	0	0	0
부수	10	5	5	5	3	3	0	0	0	0	0
동의어	10	5	5	5	3	3	3	2	0	0	0
장단음	10	5	5	5	3	0	0	0	0	0	0
약자	3	3	3	3	3	3	3	0	0	0	0
필순	0	0	0	0	0	0	3	3	3	2	2
출제문항	200	150	150	150	100	100	100	90	80	70	50

급수 배정

구분	급수	읽기 한자	쓰기 한자	수준 및 특성
교육 급수	8급	50	-	한자 공부를 처음 시작하는 분을 위한 초급 단계
	7급	150	-	미취학생 또는 초등학생의 학습 동기 부여를 위한 급수
	6급Ⅱ	300	50	한자 쓰기를 처음 시작하는 급수
	6급	300	150	기초 한자 쓰기를 시작하는 급수
	5급	500	300	학습용 한자 쓰기를 시작하는 급수
	4급Ⅱ	750	400	5급과 4급의 격차를 해소하기 위한 급수
	4급	1000	500	초급에서 중급으로 올라가는 급수
공인 급수	3급Ⅱ	1500	750	4급과 3급의 격차를 해소하기 위한 급수
	3급	1817	1000	신문 또는 일반 교양어를 읽을 수 있는 수준
	2급	2355	1817	상용한자 외에 인명·지명용 한자를 활용할 수 있는 수준
	1급	3500	2005	국한 혼용문을 불편 없이 읽고 한문 원전을 공부할 수 있는 수준

※ 상위 급수 한자는 하위 급수 한자를 모두 포함하고 있습니다. 쓰기 배정한자는 한두 급수 아래의 읽기 배정한자이거나 그 범위 내에 있습니다.

✽ 상세한 시험 안내는 한국어문회 홈페이지(www.hanja.re.kr)를 참조하십시오.

한자의 육서

육서는 한자를 만든 여섯 가지의 원리를 말한다. 그 여섯 가지 원리는 상형, 지사, 회의, 형성, 전주와 가차의 방법이다.

상형 (象形) – 사물의 모양을 본떠서 만든 글자이다.

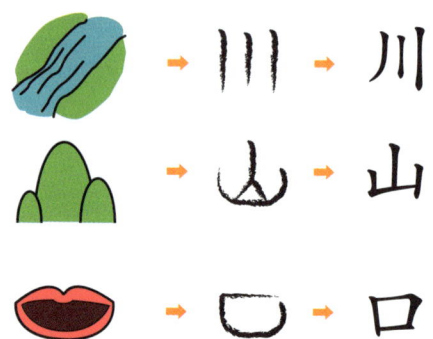

지사 (指事) – 그림으로 표현하기 힘든 내용을 선과 점 등을 이용하여 나타낸 글자이다.

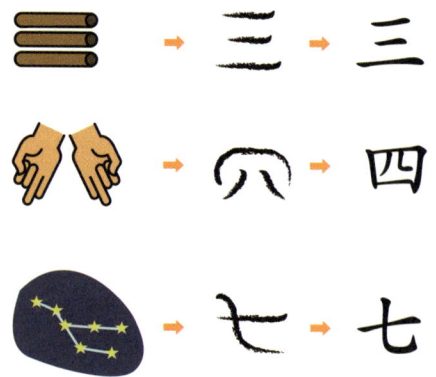

회의(會意) – 두 개 이상의 글자가 뜻으로 합쳐져 새로운 뜻이 된 글자이다.

力(힘 력) + 口(입 구) → 加(더할 가)

門(문 문) + 日(날 일) → 間(사이 간)

형성(形聲) – 뜻 부분과 음 부분이 합쳐져서 새롭게 만들어진 글자이다.

雨(비 우) + 相(서로 상) → 霜(서리 상)

木(나무 목) + 同(한가지 동) → 桐(오동나무 동)

전주(轉注) – 글자의 뜻이 바뀌어 다른 뜻으로 변한 것으로 의미가 확대, 유추된 경우이다.

樂
- 즐길 락: 娛樂(오락)
- 노래 악: 音樂(음악)
- 좋아할 요: 樂山樂水(요산요수)

가차(假借) – 의미는 상관없이 소리가 비슷한 한자를 빌려서 나타낸 글자이다.

이탈리아(Italia) → 伊太利(이태리)

한자의 부수

변 글자의 왼쪽에 위치한 부수를 '변'이라 한다.

亻(사람인변) : 仁(어질 인), 仙(신선 선), 仕(섬길 사)
彳(두인변) : 後(뒤 후), 徑(지름길 경), 很(어길 흔)
忄(심방변) : 情(뜻 정), 性(성품 성), 惟(생각할 유)

방 글자의 오른쪽에 위치한 부수를 '방'이라 한다.

刂(칼도방) : 利(이로울 리), 劍(칼 검), 刻(새길 각)
卩(병부절방) : 卯(토끼 묘), 印(도장 인), 卵(알 란)
阝(우부방) : 部(떼 부), 邦(나라 방), 邱(땅이름 구)

머리 글자의 위쪽에 위치한 부수를 '머리'라고 한다.

冖(민갓머리) : 冠(갓 관), 冥(어두울 명), 冢(무덤 총)
亠(돼지해머리) : 亡(망할 망), 交(사귈 교), 京(서울 경)
艹(초두머리) : 草(풀 초), 芒(가시랭이 망), 芳(꽃다울 방)

엄 글자의 위에서 왼쪽 아래까지의 부수를 '엄'이라 한다.

尸(주검시엄) : 屍(주검 시), 尺(자 척), 局(판 국)
广(집엄) : 店(가게 점), 底(밑 저), 座(자리 좌)
厂(민엄호) : 厄(재앙 액), 原(언덕 원), 厭(싫을 염)

 **발** 글자의 아래 부분에 위치한 부수를 '발'이라 한다.

　　儿 (어진사람인발) : 兄(형 형), 允(진실로 윤), 光(빛 광)
　　灬 (연화발) : 熱(더울 열), 無(없을 무), 焦(그을 초)

 **책받침** 글자의 왼쪽에서 아래로 걸친 부수를 '책받침'이라 한다.

　　辶 (갖은책받침) : 道(길 도), 過(지날 과), 近(가까울 근)
　　廴 (민책받침) : 延(늘일 연), 建(세울 건), 廷(조정 정)

 **몸** 글자 전체를 에워싸는 부수를 '몸'이라 한다.

　　凵 (위튼입구몸) : 凶(흉할 흉), 凹(오목할 요), 出(날 출)
　　匚 (터진입구몸) : 區(구역 구), 匠(장인 장), 匭(함 궤)

 **제부수** 글자 자체가 부수인 것을 '제부수'라고 한다.

　　生(날 생), 父(아비 부), 金(쇠 금), 竹(대 죽), 食(밥 식),
　　音(소리 음), 牛(소 우) 등.

한자의 필순

한자의 필순은 반드시 이대로 써야 하는 엄격한 규정이 있는 것은 아니다. 오랫동안 사람들이 한자를 쓰면서 보다 쓰기 편하고, 글자의 균형미를 살려주는 규칙을 만들어 온 것이다. 일반적으로 널리 쓰이는 필순의 원칙을 알아보자.

1 위에서 아래로 쓴다.

工 工 工

2 왼쪽에서 오른쪽으로 쓴다.

3 둘러싼 밖을 먼저, 안을 나중에 쓴다.

田 田 田 田 田

4 내려 긋는 획을 먼저, 삐침을 나중에 쓴다.

小 小 小

5 왼쪽 삐침을 먼저 쓴다.

① 좌우에 삐침이 있을 경우

赤 赤 赤 赤 赤 赤 赤

② 삐침 사이에 세로획이 없는 경우

六 六 六 六

6 세로획을 나중에 쓴다.

甲 甲 甲 甲 甲

7 가로 꿰뚫는 획은 나중에 쓴다.

子 子 子

8 오른쪽 위의 점은 나중에 찍는다.

犬 犬 犬 犬

9 책받침은 나중에 쓴다.

近 近 近 近 近 近
近 近

10 가로획과 세로획이 교차하는 경우 가로획을 먼저 쓴다.

古 古 古 古 古

8급용 배정한자

校 학교 **교**	四 넉 **사**	中 가운데 **중**
敎 가르칠 **교**	山 메 **산**	靑 푸를 **청**
九 아홉 **구**	三 석 **삼**	寸 마디 **촌**
國 나라 **국**	生 날 **생**	七 일곱 **칠**
軍 군사 **군**	西 서녘 **서**	土 흙 **토**
金 쇠 **금**/성 **김**	先 먼저 **선**	八 여덟 **팔**
南 남녘 **남**	小 작을 **소**	學 배울 **학**
女 계집 **녀**	水 물 **수**	韓 한국·나라 **한**
年 해·나이 **년**	室 집·방 **실**	兄 형 **형**
大 큰 **대**	十 열 **십**	火 불 **화**
東 동녘 **동**	五 다섯 **오**	
六 여섯 **륙**	王 임금 **왕**	
萬 일만 **만**	外 바깥 **외**	
母 어머니 **모**	月 달 **월**	
木 나무 **목**	二 두 **이**	
門 문 **문**	人 사람 **인**	
民 백성 **민**	一 한 **일**	
白 흰 **백**	日 날 **일**	
父 아버지 **부**	長 긴 **장**	
北 북녘 **북**/달아날 **배**	弟 아우 **제**	

7급용 배정한자

家 집 가	登 오를 등	上 윗 상
歌 노래 가	來 올 래	色 빛 색
間 사이 간	力 힘 력	夕 저녁 석
江 강 강	老 늙을 로	姓 성씨 성
車 수레 거·차	里 마을 리	世 인간·세대 세
工 장인 공	林 수풀 림	少 적을 소
空 빌 공	立 설 립	所 바 소
口 입 구	每 매양 매	手 손 수
記 기록할 기	面 낯 면	數 셈 수
氣 기운 기	名 이름 명	市 저자 시
旗 기 기	命 목숨 명	時 때 시
男 사내 남	文 글월 문	食 밥·먹을 식
內 안 내	問 물을 문	植 심을 식
農 농사 농	物 물건 물	心 마음 심
答 대답 답	方 모 방	安 편안 안
道 길 도	百 일백 백	語 말씀 어
冬 겨울 동	夫 지아비 부	然 그럴 연
洞 골 동/밝을 통	不 아닐 불·부	午 낮 오
動 움직일 동	事 일 사	右 오른쪽 우
同 한가지 동	算 셈 산	有 있을 유

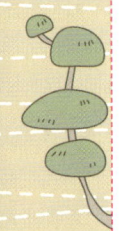

育	기를 육		千	일천 천
邑	고을 읍		川	내 천
入	들 입		天	하늘 천
子	아들 자		草	풀 초
字	글자 자		村	마을 촌
自	스스로 자		秋	가을 추
場	마당 장		春	봄 춘
全	온전 전		出	날 출
前	앞 전		便	편할 편/똥오줌 변
電	번개 전		平	평평할 평
正	바를 정		下	아래 하
祖	할아버지 조		夏	여름 하
足	발 족		漢	한수·한나라 한
左	왼 좌		海	바다 해
主	임금·주인 주		花	꽃 화
住	살 주		話	말씀 화
重	무거울 중		活	살 활
地	땅 지		孝	효도 효
紙	종이 지		後	뒤 후
直	곧을 직		休	쉴 휴

6급용 배정한자

各 각각 **각**	郡 고을 **군**	路 길 **로**
角 뿔 **각**	近 가까울 **근**	綠 푸를 **록**
感 느낄 **감**	根 뿌리 **근**	利 이로울 **리**
強 강할 **강**	今 이제 **금**	李 오얏·성 **리**
開 열 **개**	級 등급 **급**	理 다스릴 **리**
京 서울 **경**	急 급할 **급**	明 밝을 **명**
界 지경 **계**	多 많을 **다**	目 눈 **목**
計 셀 **계**	短 짧을 **단**	聞 들을 **문**
古 예 **고**	堂 집 **당**	米 쌀 **미**
苦 쓸 **고**	代 대신할 **대**	美 아름다울 **미**
高 높을 **고**	對 대할 **대**	朴 순박할·성 **박**
共 한가지 **공**	待 기다릴 **대**	反 돌이킬·돌아올 **반**
公 공평할 **공**	圖 그림 **도**	半 반 **반**
功 공 **공**	度 법도 **도**/헤아릴 **탁**	班 나눌 **반**
果 실과·열매 **과**	讀 읽을 **독**/구절 **두**	發 쏠·필 **발**
科 과목 **과**	童 아이 **동**	放 놓을 **방**
光 빛 **광**	頭 머리 **두**	番 차례 **번**
交 사귈 **교**	樂 즐길 **락**/노래 **악**/좋아할 **요**	別 나눌·다를 **별**
區 구분할·지경 **구**	例 법식 **례**	病 병 **병**
球 공 **구**	禮 예도 **례**	服 옷 **복**

本	근본 **본**	始	비로소 **시**	勇	날랠 **용**
部	떼·거느릴 **부**	式	법 **식**	運	옮길 **운**
分	나눌 **분**	神	귀신 **신**	園	동산 **원**
使	하여금·부릴 **사**	信	믿을 **신**	遠	멀 **원**
社	모일 **사**	新	새 **신**	由	말미암을 **유**
死	죽을 **사**	身	몸 **신**	油	기름 **유**
書	글 **서**	失	잃을 **실**	銀	은 **은**
席	자리 **석**	愛	사랑 **애**	音	소리 **음**
石	돌 **석**	夜	밤 **야**	飮	마실 **음**
線	줄 **선**	野	들 **야**	衣	옷 **의**
雪	눈 **설**	弱	약할 **약**	意	뜻 **의**
成	이룰 **성**	藥	약 **약**	醫	의원 **의**
省	살필 **성**/덜 **생**	陽	볕 **양**	者	놈 **자**
消	사라질 **소**	洋	큰바다 **양**	作	지을 **작**
速	빠를 **속**	言	말씀 **언**	昨	어제 **작**
孫	손자 **손**	業	업 **업**	章	글 **장**
樹	나무 **수**	永	길 **영**	在	있을 **재**
術	재주 **술**	英	꽃부리 **영**	才	재주 **재**
習	익힐 **습**	溫	따뜻할 **온**	戰	싸움 **전**
勝	이길 **승**	用	쓸 **용**	定	정할 **정**

庭	뜰 정	向	향할 향
第	차례 제	現	나타날 현
題	제목 제	形	모양 형
朝	아침 조	號	이름 호
族	겨레 족	和	화할 화
注	부을 주	畫	그림 화/그을 획
晝	낮 주	黃	누를 황
集	모을 집	會	모일 회
窓	창 창	訓	가르칠 훈
淸	맑을 청		
體	몸 체		
親	친할 친		
太	클 태		
通	통할 통		
特	특별할 특		
表	겉 표		
風	바람 풍		
合	합할 합		
行	다닐 행/항렬 항		
幸	다행 행		

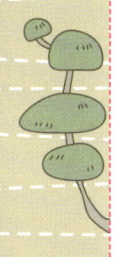

5급용 배정한자

加	더할 가	課	공부할·과정 과	壇	단 단
價	값 가	過	지날 과	談	말씀 담
可	옳을 가	觀	볼 관	當	마땅 당
改	고칠 개	關	관계할 관	德	큰·덕 덕
客	손 객	廣	넓을 광	到	이를 도
去	갈 거	橋	다리 교	島	섬 도
擧	들 거	具	갖출 구	都	도읍 도
件	물건 건	救	구원할 구	獨	홀로 독
建	세울 건	舊	예 구	落	떨어질 락
健	굳셀 건	局	판 국	朗	밝을 랑
格	격식 격	貴	귀할 귀	冷	찰 랭
見	볼 견 / 뵈올 현	規	법 규	量	헤아릴 량
決	결단할 결	給	줄 급	良	어질 량
結	맺을 결	基	터 기	旅	나그네 려
景	볕 경	期	기약할 기	歷	지날 력
敬	공경 경	技	재주 기	練	익힐 련
輕	가벼울 경	己	몸 기	令	하여금 령
競	다툴 경	汽	물 끓는김 기	領	거느릴 령
固	굳을 고	吉	길할 길	勞	일할 로
告	고할 고	念	생각 념	料	헤아릴 료
考	생각할 고	能	능할 능	流	흐를 류
曲	굽을 곡	團	둥글 단	類	무리 류

陸 뭍 **륙**	査 조사할 **사**	實 열매 **실**
馬 말 **마**	産 낳을 **산**	兒 아이 **아**
末 끝 **말**	賞 상줄 **상**	惡 악할 **악** / 미워할 **오**
亡 망할 **망**	商 장사 **상**	案 책상 **안**
望 바랄 **망**	相 서로 **상**	約 맺을 **약**
買 살 **매**	序 차례 **서**	養 기를 **양**
賣 팔 **매**	仙 신선 **선**	魚 고기 **어**
無 없을 **무**	善 착할 **선**	漁 고기 잡을 **어**
倍 곱 **배**	選 가릴 **선**	億 억 **억**
法 법 **법**	船 배 **선**	熱 더울 **열**
變 변할 **변**	鮮 고울 **선**	葉 잎 **엽**
兵 군사 **병**	說 말씀 **설**/기뻐할 **열**/달랠 **세**	屋 집 **옥**
福 복 **복**	性 성품 **성**	完 완전할 **완**
奉 받들 **봉**	洗 씻을 **세**	曜 빛날 **요**
比 견줄 **비**	歲 해 **세**	要 요긴할 **요**
費 쓸 **비**	束 묶을 **속**	浴 목욕할 **욕**
鼻 코 **비**	首 머리 **수**	友 벗 **우**
氷 얼음 **빙**	宿 잘 **숙** / 별자리 **수**	牛 소 **우**
士 선비 **사**	順 순할 **순**	雨 비 **우**
仕 섬길 **사**	示 보일 **시**	雲 구름 **운**
史 사기 **사**	識 알 **식** / 기록할 **지**	雄 수컷 **웅**
寫 베낄 **사**	臣 신하 **신**	元 으뜸 **원**
思 생각 **사**		院 집 **원**

原	언덕 원	情	뜻 정	他	다를 타
願	원할 원	操	잡을 조	打	칠 타
位	자리 위	調	고를 조	卓	높을 탁
偉	클 위	卒	마칠 졸	炭	숯 탄
以	써 이	種	씨 종	宅	집 택·댁
耳	귀 이	終	마칠 종	板	널 판
因	인할 인	罪	허물 죄	敗	패할 패
任	맡길 임	週	주일 주	品	물건 품
再	두 재	州	고을 주	必	반드시 필
材	재목 재	知	알 지	筆	붓 필
財	재물 재	止	그칠 지	河	물 하
災	재앙 재	質	바탕 질	寒	찰 한
爭	다툴 쟁	着	붙을 착	害	해할 해
貯	쌓을 저	參	참여할 참 / 석 삼	許	허락할 허
的	과녁 적	唱	부를 창	湖	호수 호
赤	붉을 적	責	꾸짖을 책	化	될 화
傳	전할 전	鐵	쇠 철	患	근심 환
典	법 전	初	처음 초	效	본받을 효
展	펼 전	最	가장 최	凶	흉할 흉
切	끊을 절 / 온통 체	祝	빌 축	黑	검을 흑
節	마디 절	充	채울 충		
店	가게 점	致	이를 치		
停	머무를 정	則	법칙 칙 / 곧 즉		

> 쓰기 한자

7급 家

집 가
총 10 | 부 宀

모든 집(宀)에 다산을 뜻하는 돼지(豕)를 키운다하여 집이다.

동의자 戶 집 호 室 집 실 宇 집 우

家家家家家家家家家家

출제단어
家系(가계) : 한 집안의 계통. 혈통.
家口(가구) : 가족 또는 가족의 수.

7급 歌

노래 가
총 14 | 부 欠

입(欠)을 벌려 읊조리는 것이 노래(哥)하는 것이다.

동의자 謠 노래 요

歌歌歌歌歌歌歌歌歌歌歌歌歌歌

출제단어
歌曲(가곡) : 노래를 위한 곡조.
歌手(가수) : 노래 부르는 것을 업으로 삼는 사람.

6급 各

각각 각
총 6 | 부 口

앞에 오는 사람과 뒤에 오는(夂) 사람의 말(口)이 서로 다르다 하여 각각을 뜻한다.

비슷한 한자 名 이름 명 반의자 合 합할 합

各各各各各各

출제단어
各界(각계) : 사회의 각 방면.
各國(각국) : 여러 나라.

6급 角

뿔 각
총 7 | 부 角

짐승의 머리에 난 뿔을 본뜬 글자이다.

비슷한 한자 用 쓸 용 甬 날랠 용

角角角角角角角

출제단어
角度(각도) : 생각의 방향이나 관점.
頭角(두각) : 뛰어난 학식·재능·기예.

25일 완성 **01** 일째

間 사이 간 (7급)
총 12 | 부 門

문(門) 사이로 햇빛(日)이 들어오니 사이가 생긴다.

비슷한 한자 問 물을 문 聞 들을 문

間間間間間間間間間間間間

출제단어
- 間食(간식) : 끼니와 끼니 사이에 음식을 먹음.
- 石間(석간) : 돌과 돌 사이.

感 느낄 감 (6급)
총 13 | 부 心

마음(心)이 동요되어 함성(咸)을 지르며 감격한다.

비슷한 한자 減 덜 감

感感感感感感感感感感感感感

출제단어
- 交感(교감) : 서로 맞대어 느낌.
- 直感(직감) : 사물을 접하였을 때에 설명 따위가 없이 진상을 곧바로 느껴 앎.

強 강할 강 (6급)
총 11 | 부 弓

큰(弘) 벌레(虫)는 강하고 힘이 세다.

반의자 弱 약할 약

強強強強強強強強強強強

출제단어
- 強國(강국) : 강한 나라.
- 富強(부강) : 나라의 재정이 부하고, 군사력이 강함.

江 강 강 (7급)
총 6 | 부 氵

물(氵)이 고여 만들어진(工) 것이 강이나 큰 냇물이다.

반의자 山 메 산

江江江江江江

출제단어
- 江山(강산) : 강과 산.
- 江村(강촌) : 강가의 마을.

> 쓰기 한자

6급

開
열 개
총 12 | 부 門

두 손으로 빗장을 들어 올려 양쪽 문짝(門)을 여는 것을 뜻한다.

비슷한 한자 聞 들을 문　반의자 閉 닫을 폐

開 開 開 開 開 開 開 開 開 開 開 開

출제단어
開始(개시) : 처음으로 시작함.
展開(전개) : 열리어 벌어짐.

7급

車
수레 거·차
총 7 | 부 車

많은 물건을 싣고 빠른 시간(日)에 옮기는 것은 수레이다.

비슷한 한자 東 동녘 동

車 車 車 車 車 車 車

출제단어
車馬(거마) : 수레와 말.
車道(차도) : 차가 다니는 길.

6급

京
서울 경
총 8 | 부 亠

높고(高) 작은(小)집이 많은 곳이 서울이다.

비슷한 한자 享 누릴 향　반의자 村 마을 촌

京 京 京 京 京 京 京

출제단어
上京(상경) : 시골에서 서울로 올라옴.
京城(경성) : 도읍의 성. 서울의 옛 이름.

6급

界
지경 계
총 9 | 부 田

밭(田)과 밭 사이에 끼어(介) 있는 길은 경계를 나타낸다.

동의자 境 지경 경

界 界 界 界 界 界 界 界 界

출제단어
世界(세계) : 온 세상. 지구상의 모든 나라.
外界(외계) : 바깥 세계. 지구 밖의 세계.

25일 완성 **01** 일째

6급 計 셀 계
총9 | 부 言

말(言)을 묶음(十)씩 헤아려 센다하여 **계획하다**, **꾀하다**.

동의자 算 셈 산

計 計 計 計 計 計 計 計 計

출제단어
計算(계산) : 수를 헤아림.
合計(합계) : 한데 합하여 계산함.

6급 古 예 고
총5 | 부 口

여러(十) 대에 걸쳐 입(口)으로 전해오는 **옛** 이야기.

동의자 舊 예 구   반의자 新 새 신   今 이제 금

古 古 古 古 古

출제단어
古今(고금) : 옛날과 지금.
古事(고사) : 옛일.

6급 苦 쓸 고
총9 | 부 艹

약초(艹)가 써서 여러 번(十) 마시니(口) **괴롭다**.

비슷한 한자 若 같을 약   반의자 甘 달 감

苦 苦 苦 苦 苦 苦 苦 苦 苦

출제단어
苦難(고난) : 괴로움과 어려움.
生活苦(생활고) : 생활이 어려워서 겪는 고통.

6급 高 높을 고
총10 | 부 高

성의 망루를 본떠서 만든 글자이다.

반의자 低 낮을 저

高 高 高 高 高 高 高 高 高 高

출제단어
高架(고가) : 높이 건너 걸침.
高速(고속) : 아주 빠른 속도.

> 쓰기 한자 25일 완성 **01** 일째

公 공평할 공 (6급)
총 4 | 부 八

크고(厶) 많은 것을 나누어(八) 가지니 **공평하고** 공정하다.

반의자 私 사사로울 사

公 公 公 公

출제단어
- 公正(공정) : 공평하고 올바름.
- 公演(공연) : 음악, 무용, 연극 따위를 많은 사람 앞에서 보이는 일.

共 한가지 공 (6급)
총 6 | 부 八

이십 여명(卄)쯤이 함께 받드니 **함께, 같이**하다.

동의자 同 한가지 동   반의자 異 다를 이

共 共 共 共 共 共

출제단어
- 共用(공용) : 공동으로 씀.
- 共生(공생) : 서로 도우며 함께 삶.

功 공 공 (6급)
총 5 | 부 力

힘써(力) 훌륭하게(工) **일하다**.

비슷한 한자 攻 칠 공

功 功 功 功 功

출제단어
- 功名(공명) : 공을 세워 이름을 떨침.
- 成功(성공) : 뜻한 것이 이루어짐.

工 장인 공 (7급)
총 3 | 부 工

목수, **장인**들이 사용하는 자의 모양이다.

비슷한 한자 土 흙 토   士 선비 사

工 工 工

출제단어
- 工夫(공부) : 학문이나 기술 등을 배우고 익힘.
- 工場(공장) : 기계시설을 갖추고 근로자가 생산에 종사하는 시설.

확인학습 1회

1. 다음 漢字語의 讀音을 쓰시오.

(1) 軍歌 (　　　)　(2) 感情 (　　　)　(3) 開放 (　　　)

(4) 合計 (　　　)　(5) 苦戰 (　　　)　(6) 功名 (　　　)

2. 다음 漢字의 訓과 音을 쓰시오.

(1) 家 (　　　)　(2) 角 (　　　)　(3) 強 (　　　)

(4) 京 (　　　)　(5) 古 (　　　)　(6) 高 (　　　)

(7) 工 (　　　)　(8) 各 (　　　)　(9) 間 (　　　)

(10) 江 (　　　)　(11) 車 (　　　)　(12) 界 (　　　)

3. 다음 漢字의 部首를 쓰세요.

(1) 計 (　　　)

(2) 開 (　　　)

(3) 江 (　　　)

4. 다음 漢字의 讀音을 보고 漢字를 쓰시오.

(1) 공유 (　　　)　(2) 강직 (　　　)

(3) 공정 (　　　)　(4) 계산 (　　　)

> 쓰기 한자

7급 **空** 빌 공 | 총8 | 부 穴

구멍(穴)을 파 만든(工) 것이 빈 공간이다.

동의자 虛 빌 허 반의자 滿 찰 만

空 空 空 空 空 空 空 空

출제단어
空間(공간) : 하늘과 땅 사이.
空想(공상) : 이뤄질 수 없는 생각.

6급 **果** 실과·열매 과 | 총8 | 부 木

밭(田)에다 나무(木)를 심어 두니 과실이 열린다.

동의자 實 열매 실

果 果 果 果 果 果 果 果

출제단어
靑果(청과) : 신선한 과실과 채소를 통틀어 이르는 말.
百果(백과) : 온갖 과일.

6급 **科** 과목 과 | 총9 | 부 禾

곡식(禾)을 말(斗)로 헤아린다는 뜻이다.

비슷한 한자 料 헤아릴 료

科 科 科 科 科 科 科

출제단어
科目(과목) : 공부할 지식 분야를 갈라놓은 것.
敎科書(교과서) : 학교에서 가르치는 데 쓰는 책.

6급 **光** 빛 광 | 총6 | 부 儿

어진 사람(儿)은 불빛과(火) 같이 밝다.

光 光 光 光 光 光

출제단어
光明(광명) : 밝은 빛. 밝고 환함.
光景(광경) : 벌어진 일의 형편이나 모양.

25일 완성 **02** 일째

6급 交 사귈 교

크게(大) 엇갈리니(乂) **사귀다.**

비슷한 한자 校 학교 교

交 交 交 交 交 交

총6 | 부 亠

출제단어
交友(교우) : 벗을 사귐. 또는 그 벗.
交通(교통) : 탈것을 이용하여 사람이나 짐이 오가는 일.

8급 教 가르칠 교

외로운 아이(子)들이 사귀면서(爻) 잘못하면 때리고(攵) 기르는 것이니 **가르치다.**

동의자 訓 가르칠 훈   반의자 學 배울 학

教 教 教 教 教 教 教 教 教 教

총11 | 부 攵

출제단어
教授(교수) : 학문 또는 기예를 가르침.
教育(교육) : 가르쳐 기름. 가르쳐 지식을 줌.

8급 校 학교 교

나무(木)를 엇걸어(交) **학교**를 짓는다.

비슷한 한자 交 사귈 교

校 校 校 校 校 校 校 校 校 校

총10 | 부 木

출제단어
校友(교우) : 학교에 같이 다니는 벗.
母校(모교) : 자기가 다니거나 졸업한 학교.

6급 區 구분할·지경 구

여러 사람(口)이 모여 사는 곳을 성을 쌓아(匚) **구역**을 정한다.

동의자 別 나눌 별

區 區 區 區 區 區 區 區 區 區 區

총11 | 부 匚

출제단어
區間(구간) : 어떤 지점과 다른 지점과의 사이.
區分(구분) : 일정한 기준에 따라 전체를 몇 개로 갈라 나눔.

> 쓰기 한자

6급 球
공 구
총 11 | 부 王

구슬(王)을 구하니(求) 둥근 공모양이다.

비슷한 한자 救 구원할 구

球 球 球 球 球 球 球 球 球

출제단어
球形(구형) : 공같이 둥근 형태.
地球村(지구촌) : 지구 전체를 한 마을처럼 여겨 이르는 말.

7급 口
입 구
총 3 | 부 口

사람의 입이나 구멍을 본뜬 글자이다.

口 口 口

출제단어
口文(구문) : 흥정을 붙여 주고받는 돈. 구전.
口舌(구설) : 남에게 시비를 들음.

8급 九
아홉 구
총 2 | 부 乙

십(十)의 불완전한 모양을 본뜬 글자이다.

비슷한 한자 丸 둥글 환 力 힘 력

九 九

출제단어
九天(구천) : 하늘의 가장 높은 곳. 하늘 위.
九重(구중) : 아홉 겹.

8급 國
나라 국
총 11 | 부 囗

혹시나(或)하는 마음으로 지키려고 에워싸니(囗) 나라다.

國 國 國 國 國 國 國 國 國

출제단어
國家(국가) : 나라의 법적인 호칭.
國土(국토) : 국가의 영토.

25일 완성 **02**일째

6급

郡
고을 군

총 10 | 부 阝

임금(君)의 명을 받아 고을(阝)을 다스리는 **고을**의 수령이다.

동의자 邑 고을 읍　**비슷한 한자** 群 무리 군

郡 郡 郡 郡 郡 郡 郡 郡 郡 郡

출제단어
郡民(군민) : 그 군(郡)에 사는 사람.
郡界(군계) : 군(郡)과 군 사이의 경계.

8급

軍
군사 군

총 9 | 부 車

수레(車)의 주위를 둘러싸 덮은(冖) 사람은 진을 치고 있는 **군사**들이다.

동의자 兵 병사 병

軍 軍 軍 軍 軍 軍 軍 軍 軍

출제단어
軍事(군사) : 군대 또는 전쟁에 관한 일.
反軍(반군) : 군부에 반대함.

6급

根
뿌리 근

총 10 | 부 木

나무(木)가 그치지(艮) 않고 자라는 것은 **뿌리**이다.

비슷한 한자 板 널 판

根 根 根 根 根 根 根 根 根 根

출제단어
根本(근본) : 초목의 뿌리. 사물의 본질이나 본바탕.
根性(근성) : 태어날 때부터 지니고 있는 근본적인 성질.

6급

近
가까울 근

총 8 | 부 辶

무거운(斤) 짐을 가져가는(辶) 것은 **가까운** 거리다.

반의어 遠 멀 원　**비슷한 한자** 返 돌아올 반

近 近 近 近 近 近 近 近

출제단어
近郊(근교) : 도시에 가까운 주변.
近方(근방) : 가까운 곳.

> 쓰기 한자 25일 완성 **02** 일째

6급 · 今 · 이제 금 · 총4 | 부 人

사람이 모이는(合) 곳에 때맞추어(及) 가니 **지금**이다.

반의어 古 예 고 비슷한 한자 令 하여금 령

今 今 今 今

출제단어
- 今時(금시) : 이제, 방금, 일이 진행되는 바로 그 때.
- 古今(고금) : 옛날과 지금.

8급 · 金 · 쇠 금 / 성 김 · 총8 | 부 金

금이 흙(土)속에 묻혀있음을 나타낸 글자이다.

金 金 金 金 金 金 金 金

출제단어
- 石金(석금) : 돌에 박혀 있는 금.
- 金色(금색) : 금빛.

6급 · 急 · 급할 급 · 총9 | 부 心

사람(人)이 마음(心)과 손이 바쁘면 **급한** 것이다.

동의자 速 빠를 속 반의자 緩 느릴 완

急 急 急 急 急 急 急

출제단어
- 急行(급행) : 급히 감.
- 急進(급진) : 서둘러 급히 나아감.

6급 · 級 · 등급 급 · 총10 | 부 糸

실(糸)을 기준에 미치게(及) 짜야 **등급**을 얻는다.

동의자 等 등급 · 무리 등

級 級 級 級 級 級 級 級

출제단어
- 級數(급수) : 기술 따위를 우열에 따라 매긴 등급.
- 高級(고급) : 물건 따위의 품질이 뛰어나고 값이 비쌈.

확인학습 2회

1. 다음 漢字語의 讀音을 쓰시오.

(1) 空白 (　　　)　　(2) 敎生 (　　　)　　(3) 地球 (　　　)

(4) 草根 (　　　)　　(5) 級數 (　　　)　　(6) 遠近 (　　　)

2. 다음 漢字의 訓과 音을 쓰시오.

(1) 果 (　　　)　　(2) 光 (　　　)　　(3) 校 (　　　)

(4) 區 (　　　)　　(5) 國 (　　　)　　(6) 軍 (　　　)

(7) 今 (　　　)　　(8) 急 (　　　)　　(9) 科 (　　　)

(10) 郡 (　　　)　　(11) 交 (　　　)　　(12) 金 (　　　)

3. 다음 漢字의 部首를 쓰세요.

(1) 九 (　　　)

(2) 近 (　　　)

(3) 球 (　　　)

4. 다음 漢字의 讀音을 보고 漢字를 쓰시오.

(1) 발광 (　　　)　　(2) 군민 (　　　)

(3) 근대 (　　　)　　(4) 특급 (　　　)

> 쓰기 한자

7급

旗
기 기
총14 | 부 方

깃발(㫃)을 올려 그(其) 표시를 한 것이 대장기이다.

비슷한 한자 族 겨레 족

旗 旗 旗 旗 旗 旗 旗 旗 旗 旗

출제단어
旗手(기수) : 기를 가지고 신호를 일삼는 사람.
太極旗(태극기) : 대한민국의 국기.

7급

氣
기운 기
총10 | 부 气

쌀(米)로 밥을 짓는 것은 증기(气)의 기운으로 짓는다.

동의자 汽 물끓는김 기

氣 氣 氣 氣 氣 氣 氣 氣 氣 氣

출제단어
氣溫(기온) : 대기의 온도.
氣力(기력) : 일을 감당해 나갈 수 있는 정신과 육체의 힘.

7급

記
기록할 기
총10 | 부 言

말한(言) 내용을 자기(己) 것으로 만들기 위해 기록을 한다.

동의자 錄 기록할 록

記 記 記 記 記 記 記 記 記 記

출제단어
記號(기호) : 뜻을 나타내는 표.
記事(기사) : 사실을 그대로 적음.

7급

男
사내 남
총7 | 부 田

밭(田)에 나아가 힘차게(力) 일하는 사람은 사내들이다.

반의자 女 계집 녀

男 男 男 男 男 男 男

출제단어
男女(남녀) : 남자와 여자.
長男(장남) : 맏아들.

25일 완성 **03** 일째

□ 8급

南

남녘 **남**

총 9 | 부 十

나무(艹)가 멀리(冂) 뻗는 곳은 남쪽이다.

반의어 北 북녘 북

南 南 南 南 南 南 南 南 南

출제단어
南北(남북) : 남한과 북한.
南山(남산) : 서울에 있는 대표적인 산. 혹은 남쪽에 있는 산.

□ 7급

內

안 **내**

총 4 | 부 入

경계(冂) 안으로 들어오니(入) 내국인이다.

반의어 外 바깥 외

內 內 內 內

출제단어
內科(내과) : 내장의 기능에 탈이 난 병을 고치는 의학 분야.
內面(내면) : 안쪽. 마음.

□ 8급

女

계집 **녀**

총 3 | 부 女

손을 맞잡고 무릎을 구부리고 앉은 여자를 본뜬 글자이다.

반의자 男 사내 남

女 女 女

출제단어
女人(여인) : 어른이 된 여자.
女學校(여학교) : 여자만을 가르치는 학교.

□ 8급

年

해·나이 **년**

총 6 | 부 干

낮(吾)이 하루씩(一) 가는 것을 헤아려 1년을 정한다.

동의자 歲 해 세   비슷한 한자 午 낮 오

年 年 年 年 年 年

출제단어
年內(연내) : 그 해 안. 올해 안.
年初(연초) : 그 해의 시작.

> 쓰기 한자

7급

農
농사 농

총 13 | 부 辰

새벽(辰)부터 허리가 굽도록 밭(田)에서 일하는 것이 농사다.

비슷한 한자 晨 새벽 신

출제 단어
農民(농민) : 농사짓는 사람.
農事(농사) : 씨를 뿌려 수확하는 일.

6급

多
많을 다

총 6 | 부 夕

신에게 바치는 고기를 쌓은 모양으로 물건이 많음을 나타내는 것에서 유래했다.

반의자 少 적을 소

출제 단어
多量(다량) : 많은 분량.
多幸(다행) : 뜻밖에 일이 잘되어 운이 좋음.

6급

短
짧을 단

총 12 | 부 矢

화살(矢)이 콩알(豆)만하니 짧은 거리 밖에 못 간다.

반의자 長 긴 장

출제 단어
短文(단문) : 짧은 글.
長短(장단) : 길고 짧음.

7급

答
대답할 답

총 12 | 부 竹

대(竹)쪽에 합당(合)한 말을 써서 회답을 보낸다.

반의자 問 물을 문

출제 단어
問答(문답) : 물음과 대답.
對答(대답) : 상대방의 물음에 응하여 어떤 말을 하는 것.

25일 완성 **03**일째

堂 집 당
6급 | 총 11 | 부 土

흙(土)을 높이(尙) 쌓아 지은 것이 **집**이다.

동의자 家 집 가　室 집 실　비슷한 한자 當 마땅할 당

堂堂堂堂堂堂堂堂堂堂堂

출제단어
- 堂堂(당당) : 남 앞에서 내세울 만큼 떳떳한 모습.
- 書堂(서당) : 예전에 한문을 사사로이 가르치던 곳.

代 대신할 대
6급 | 총 5 | 부 亻

주살(弋)로 사람(亻)을 **대신**하여 고기를 잡는다.

비슷한 한자 伐 칠 벌

代代代代代

출제단어
- 代身(대신) : 남을 대리 함.
- 交代(교대) : 서로 번갈아 드는 사람 또는 그 일.

對 대할 대
6급 | 총 14 | 부 寸

풀(丵)밭의 염소(羊)는 주인의 손짓(寸)에 움직임으로 **대답한다**.

對對對對對對對對對對對對對對

출제단어
- 對決(대결) : 양자가 맞서서 우열이나 승패를 가림.
- 對話(대화) : 마주 대하여 이야기를 주고받음.

待 기다릴 대
6급 | 총 9 | 부 亻

관청(寺)에 가서(亻) 일을 보려 **기다린다**.

비슷한 한자 侍 모실 시

待待待待待待待待待

출제단어
- 待望(대망) : 바라고 기다림.
- 苦待(고대) : 매우 기다림.

> 쓰기 한자   25일 완성 **03**일째

8급

大
큰 대

총 3 | 부 大

사람이 양팔과 양발을 벌리고 서 있는 모양을 본뜬 글자이다.

동의자 **太** 클 태   반의자 **小** 작을 소   비슷한 한자 **犬** 개 견

大 大 大

출제단어
- 大家(대가) : 학문이나 기술에 뛰어난 훌륭한 사람.
- 大道(대도) : 큰 길. 사람이 마땅히 지켜야 할 도리.

6급

圖
그림 도

총 14 | 부 口

나라(口)의 일이 어려워(啚) 정사를 꾀한다.

동의자 **畫** 그림 화   비슷한 한자 **圓** 둥글 원

圖 圖 圖 圖 圖 圖 圖 圖 圖 圖 圖 圖 圖 圖

출제단어
- 全圖(전도) : 전체를 그린 그림이나 지도.
- 地圖(지도) : 지구 표면의 일부를 일정한 비율로 줄여 평면에 나타낸 그림.

6급

度
법도 도 / 헤아릴 탁

총 9 | 부 广

집안(广)에서 여러 사람(廿)이 손(又)으로 헤아리니 법도이다.

비슷한 한자 **席** 자리 석

度 度 度 度 度 度 度

출제단어
- 強度(강도) : 센 정도.
- 高度(고도) : 평균 해수면을 0으로 하여 측정한 지표면의 높이.

7급

道
길 도

총 13 | 부 辶

사람의 머리(首)가 가는(辶) 곳은 길이다.

동의자 **途** 길 도   **路** 길 로

道 道 道 道 道 道 道 道 道 道

출제단어
- 道具(도구) : 일에 쓰이는 여러 가지 연장.
- 道理(도리) : 사람이 마땅히 행하여야 할 바른 길.

확인학습 3회

1. 다음 漢字語의 讀音을 쓰시오.

(1) 生氣 (　　　)　　(2) 家內 (　　　)　　(3) 農事 (　　　)

(4) 正答 (　　　)　　(5) 對話 (　　　)　　(6) 高度 (　　　)

2. 다음 漢字의 訓과 音을 쓰시오.

(1) 旗 (　　　)　　(2) 多 (　　　)　　(3) 短 (　　　)

(4) 年 (　　　)　　(5) 記 (　　　)　　(6) 堂 (　　　)

(7) 待 (　　　)　　(8) 圖 (　　　)　　(9) 代 (　　　)

(10) 道 (　　　)　　(11) 南 (　　　)　　(12) 女 (　　　)

3. 다음 漢字의 部首를 쓰세요.

(1) 記 (　　　)

(2) 圖 (　　　)

(3) 度 (　　　)

4. 다음 漢字의 讀音을 보고 漢字를 쓰시오.

(1) 지도 (　　　)　　(2) 성당 (　　　)

(3) 장단 (　　　)　　(4) 남학생 (　　　)

> 쓰기 한자

6급 **讀** 읽을 독 / 구절 두
총 22 | 부 言

물건을 팔(賣)때처럼 소리(言) 내어 책을 읽는다.

비슷한 한자 續 이을 속

출제단어
讀本(독본) : 글을 읽어서 그 내용을 익히기 위한 책.
讀者(독자) : 책, 신문, 잡지 따위의 글을 읽는 사람.

6급 **童** 아이 동
총 12 | 부 立

마을(里)에서 뛰어다니며(立) 노는 것이 아이들이다.

동의자 兒 아이 아   반의자 丈 어른 장

출제단어
童男(동남) : 사내아이.
童顔(동안) : 어린아이와 같은 얼굴.

7급 **冬** 겨울 동
총 5 | 부 冫

얼음판(冫)을 조심해서 걸어야(夂) 하는 것이 겨울이다.

반의자 夏 여름 하

출제단어
冬服(동복) : 겨울철에 입는 옷.
冬寒(동한) : 겨울의 추위.

7급 **動** 움직일 동
총 11 | 부 力

무거운(重) 것도 힘(力)을 들이면 움직여진다.

반의자 靜 고요할 정

출제단어
動力(동력) : 기계를 움직이는 힘.
動作(동작) : 몸의 움직임.

25일 완성 **04**일째

☐ 7급

同
한가지 **동**

총 6 | 부 口

성(冂) 안에 하나(一)의 입(口)으로 모여 있으니 **같이, 한가지**이다.

반의자 異 다를 이   비슷한 한자 洞 골 동 / 밝을 통

同 同 同 同 同 同

| 同 | 同 | 同 | | | | |

출제 단어
同門(동문) : 같은 학교를 졸업한 사람.
同時(동시) : 같은 시간.

☐ 7급

洞
골 **동** / 밝을 **통**

총 9 | 부 氵

한(同) 우물의 물(氵)을 먹으니 **마을**사람이다.

동의자 邑 고을 읍   비슷한 한자 同 한가지 동

洞 洞 洞 洞 洞 洞 洞 洞 洞

| 洞 | 洞 | 洞 | | | | |

출제 단어
洞內(동내) : 동네 안.
洞民(동민) : 동네에 사는 사람.

☐ 8급

東
동녘 **동**

총 8 | 부 木

나무(木) 사이로 해(日)가 떠오르는 방향이 **동쪽**이다.

반의자 西 서녘 서   비슷한 한자 柬 가릴 간   束 묶을 속

東 東 東 東 東 東 東 東

| 東 | 東 | 東 | | | | |

출제 단어
東方(동방) : 동쪽 지방.
東向(동향) : 동쪽을 향함.

☐ 6급

頭
머리 **두**

총 16 | 부 頁

콩(豆)의 머리(頁)니 우두**머리**다.

동의자 首 머리 수   頁 머리 혈

頭 頭 頭 頭 頭 頭 頭 頭 頭 頭 頭 頭 頭 頭

| 頭 | 頭 | 頭 | | | | |

출제 단어
街頭(가두) : 시가지의 길거리.
頭目(두목) : 좋지 못한 집단의 우두머리.

> 쓰기 한자

6급 等
무리 등
총 12 | 부 竹

대나무(竹)나 흙(土)으로 만든 물건도 등급이 있다.

동의자 群 무리 군　徒 무리 도　**반의자** 獨 홀로 독

等 等 等 等 等 等 等 等 等 等

출제단어
等級(등급): 차이를 여러 층으로 구분한 단계.
等數(등수): 등급에 따라 정한 차례.

7급 登
오를 등
총 12 | 부 癶

발판(豆)을 밟고 걸어야(癶) 높은 데에 오른다.

동의자 昇 오를 승　**반의자** 降 내릴 강

登 登 登 登 登 登 登 登 登 登

출제단어
登用(등용): 인재를 뽑아 씀.
登場(등장): 무대 따위에 나옴.

6급 樂
즐길 락/노래 악/좋아할 요
총 15 | 부 木

나무(木) 받침대 위에 북을 올려놓고 치니 악기이다.

동의자 娛 즐길 오　**반의자** 悲 슬플 비

樂 樂 樂 樂 樂 樂 樂 樂 樂 樂

출제단어
苦樂(고락): 괴로움과 즐거움을 아울러 이르는 말.
樂園(낙원): 아무런 걱정 없이 살 수 있는 즐거운 곳.

7급 來
올 래
총 8 | 부 人

보리 이삭의 모양을 본뜬 글자이다.

반의자 往 갈 왕　去 갈 거

來 來 來 來 來 來 來 來

출제단어
來賓(내빈): 초대를 받아 찾아온 손님.
來年(내년): 올해의 다음 해.

25일 완성 **04**일째

力 힘 력 (7급)
총 2 | 부 力

근육이 솟도록 팔에 **힘**을 주고 있는 팔을 본뜬 글자이다.

비슷한 한자 刀 칼 도

출제단어
- 力量(역량) : 일을 해낼 수 있는 힘의 정도.
- 力走(역주) : 힘껏 달림.

例 법식 례 (6급)
총 8 | 부 亻

사람들(亻)이 벌려(列) 서서 견주어 본다.

동의자 式 법 식   法 법 법   비슷한 한자 列 벌릴 렬

출제단어
- 例文(예문) : 설명을 위한 본보기가 되는 문장.
- 例外(예외) : 일반적 규칙에서 벗어나는 일.

禮 예도 례 (6급)
총 18 | 부 示

신(示)에게 제사를 풍성하게(豊) 올리니 **예도**가 바르다.

비슷한 한자 豊 풍년 풍

출제단어
- 禮法(예법) : 예의로써 지켜야 할 규범.
- 禮物(예물) : 혼인할 때 신랑과 신부가 기념으로 주고받는 물품.

路 길 로 (6급)
총 13 | 부 足

발(足)로 돌아다니는 여러(各) **길**.

동의자 道 길 도   비슷한 한자 絡 이을 락

출제단어
- 道路(도로) : 사람이나 차가 다닐 수 있게 만든 길.
- 水路(수로) : 물을 보내는 통로.

확인학습 4회

1. 다음 漢字語의 讀音을 쓰시오.

(1) 速讀 (   )   (2) 平等 (   )   (3) 例文 (   )

(4) 先頭 (   )   (5) 道路 (   )   (6) 靑綠 (   )

2. 다음 漢字의 訓과 音을 쓰시오.

(1) 童 (   )   (2) 樂 (   )   (3) 禮 (   )

(4) 冬 (   )   (5) 來 (   )   (6) 動 (   )

(7) 登 (   )   (8) 東 (   )   (9) 老 (   )

(10) 利 (   )   (11) 綠 (   )   (12) 洞 (   )

3. 다음 漢字의 部首를 쓰세요.

(1) 等 (   )

(2) 頭 (   )

(3) 老 (   )

4. 다음 漢字의 讀音을 보고 漢字를 쓰시오.

(1) 동화 (   )   (2) 선두 (   )

(3) 예복 (   )   (4) 편리 (   )

> 쓰기 한자

6급 李
오얏·성 리
총 7 | 부 木

나무(木)에 열리는 열매(子) 중 가장 귀한 것이 **오얏**이다.

비슷한 한자 季 계절 계

李 李 李 李 李 李 李

출제단어
李花(이화) : 자두나무의 꽃.
桃李(도리) : 복숭아와 자두.

6급 理
다스릴 리
총 11 | 부 玉

옥(王)을 닦아낸다는 뜻에서 마을(里)을 **다스린다**는 뜻으로 확장되었다.

동의자 治 다스릴 치   비슷한 한자 埋 묻을 매

理 理 理 理 理 理 理 理

출제단어
地理(지리) : 땅의 생긴 모양이나 형편.
合理(합리) : 이론이나 이치에 맞는 것.

7급 里
마을 리
총 7 | 부 里

밭(田)과 밭 사이로 흙(土)길이 난 곳이 **마을**이다.

동의자 村 마을 촌   비슷한 한자 理 다스릴 리

里 里 里 里 里 里

출제단어
里長(이장) : 마을의 사무를 맡아보는 사람.
洞里(동리) : 마을.

7급 林
수풀 림
총 8 | 부 木

나무(木)와 나무(木)가 겹쳐 있으니 **수풀**이 우거졌다.

비슷한 한자 材 재목 재

林 林 林 林 林 林

출제단어
山林(산림) : 산과 숲.
國有林(국유림) : 나라가 차지하여 관리하는 산림.

25일 완성 **05** 일째

立 설 립 (7급)
총 5 | 부 立

두 발을 땅에 대고 사람이 서 있는 모양을 본뜬 글자이다.

동의자 起 일어날 기

立 立 立 立 立

출제단어
- 立場(입장) : 처지.
- 立志(입지) : 뜻을 세움.

萬 일만 만 (8급)
총 13 | 부 艹

벌의 더듬이, 몸통, 발의 모양을 본떠 그 수가 많다는 뜻으로 쓰였다.

비슷한 한자 愚 어리석을 우

萬 萬 萬 萬 萬 萬 萬 萬 萬 萬 萬 萬 萬

출제단어
- 萬國(만국) : 모든 나라.
- 萬物(만물) : 온갖 물건.

每 매양 매 (7급)
총 7 | 부 母

사람들(人)의 어머니(母)는 늘 자식을 걱정한다.

비슷한 한자 海 바다 해

每 每 每 每 每 每 每

출제단어
- 每事(매사) : 일마다. 모든 일.
- 每樣(매양) : 항상 그 모양으로.

面 낯 면 (7급)
총 9 | 부 面

얼굴을 에워싼 모양으로 만들어진 글자이다.

동의자 容 얼굴 용

面 面 面 面 面 面 面 面 面

출제단어
- 面談(면담) : 서로 만나서 이야기함.
- 面色(면색) : 낯빛. 안색.

> 쓰기 한자

6급 明 밝을 명
총 8 | 부 日

낮에는 해(日)가 저녁에는 달(月)이 떠서 **밝힌다**.

반의자 暗 어두울 암

明 明 明 明 明 明 明 明

출제단어
明白(명백) : 의심할 것 없이 아주 뚜렷하고 환함.
發明(발명) : 아직까지 없던 것을 새로 생각하여 만들어 냄.

7급 名 이름 명
총 6 | 부 口

어두운 저녁(夕)에 소리쳐(口) **이름**을 부른다.

비슷한 한자 各 각각 각

名 名 名 名 名 名

출제단어
名家(명가) : 명망이 높은 가문.
名聲(명성) : 세상에 떨친 이름.

7급 命 목숨 명
총 8 | 부 口

사람(口)은 하늘의 명령(令)에 **목숨**이 달렸다.

동의자 壽 목숨 수   비슷한 한자 令 하여금 령

命 命 命 命 命 命 命

출제단어
命名(명명) : 사람이나 물건에 이름을 지어 붙임.
天命(천명) : 하늘의 뜻.

8급 母 어머니 모
총 5 | 부 母

두 개의 유방을 가진 여자를 본뜬 글자이다.

반의자 父 아버지 부

母 母 母 母 母

출제단어
母親(모친) : 어머니.
母系(모계) : 혈연관계에서 어머니 쪽의 핏줄 계통.

25일 완성 **05**일째

☐ 6급

目
눈 목

총 5 | 부 目

흰 자위와 검은 자위로 이루어진 눈의 모양을 본뜬 글자이다.

동의자 眼 눈 안 비슷한 한자 日 날 일

目 目 目 目 目

출제단어
目的(목적) : 이루려 하는 일.
科目(과목) : 공부할 지식 분야를 갈라놓은 것.

☐ 8급

木
나무 목

총 4 | 부 木

나무가 서 있는 모양을 본뜬 글자이다.

동의자 樹 나무 수

木 木 木 木

출제단어
木材(목재) : 나무로 된 재료. 재목.
木手(목수) : 나무를 다루어 집을 짓거나 물건을 만드는 사람.

☐ 6급

聞
들을 문

총 14 | 부 耳

문(門) 사이에 귀(耳)를 대고 듣는다.

동의자 聽 들을 청 반의자 問 물을 문 비슷한 한자 開 열 개

聞 聞 聞 聞 聞 聞 聞 聞 聞 聞 聞 聞 聞 聞

출제단어
所聞(소문) : 사람들 입에 오르내려 전하여 들리는 말.
聞知(문지) : 들어서 앎.

☐ 7급

問
물을 문

총 11 | 부 口

문(門) 앞에서 소리(口)내어 주인이 있는지 묻는다.

반의자 答 대답할 답 聞 들을 문

問 問 問 問 問 問 問 問 問 問 問

출제단어
問答(문답) : 물음과 대답.
問安(문안) : 웃어른께 안부를 여쭘.

> 쓰기 한자   25일 완성 **05** 일째

7급

文
글월 **문**

총 4 | 부 文

무늬가 교차한 것을 나타내니 **글자**이다.

동의자 章 글 장

文 文 文 文

출제단어
文學(문학) : 글에 대한 학문.
文身(문신) : 살갗을 바늘로 찔러 먹물을 넣음.

8급

門
문 **문**

총 8 | 부 門

좌우 두 개의 문짝이 붙은 **문**을 본뜬 글자이다.

비슷한 한자 問 물을 문

門 門 門 門 門 門 門

출제단어
大門(대문) : 큰 문, 혹은 집의 정문.
門中(문중) : 가까운 친척.

7급

物
물건 **물**

총 8 | 부 牛

소(牛)는 농가에 없으면 안 되는(勿) 소중한 **물건**이다.

동의자 件 물건 건

物 物 物 物 物 物 物

출제단어
物理(물리) : 만물의 이치. 물리학의 약어.
物件(물건) : 일정한 형태를 가진 대상. 물품.

6급

米
쌀 **미**

총 6 | 부 米

사방에 점점이 작은 **쌀**알이 흩어져 있는 모양을 본뜬 글자이다.

비슷한 한자 未 아닐 미

米 米 米 米 米 米

출제단어
米色(미색) : 겉껍질만 벗겨 낸 쌀의 빛깔과 같이 매우 엷은 노란색.
白米(백미) : 흰 쌀.

확인학습 5회

1. 다음 漢字語의 讀音을 쓰시오.

(1) 李花 (   )   (2) 發明 (   )   (3) 注目 (   )

(4) 新聞 (   )   (5) 米食 (   )   (6) 生命 (   )

2. 다음 漢字의 訓과 音을 쓰시오.

(1) 理 (   )   (2) 萬 (   )   (3) 名 (   )

(4) 問 (   )   (5) 里 (   )   (6) 面 (   )

(7) 林 (   )   (8) 文 (   )   (9) 物 (   )

(10) 母 (   )   (11) 木 (   )   (12) 每 (   )

3. 다음 漢字의 部首를 쓰세요.

(1) 明 (   )

(2) 聞 (   )

(3) 物 (   )

4. 다음 漢字의 讀音을 보고 漢字를 쓰시오.

(1) 이유 (   )   (2) 매일 (   )

(3) 명문 (   )   (4) 국유림 (   )

> 쓰기 한자

6급 美 아름다울 미
총 9 | 부 羊

크고(大) 살찐 양(羊)이 보기 좋다는 데서 아름답다를 뜻하게 되었다.

동의자 佳 아름다울 가

출제단어
美談(미담) : 사람을 감동시키는 아름다운 내용의 이야기.
美德(미덕) : 아름답고 갸륵한 덕행.

8급 民 백성 민
총 5 | 부 氏

씨족(氏)들이 모여서(一) 사니 백성이다.

반의자 王 임금 왕

출제단어
民家(민가) : 일반 국민의 집.
民心(민심) : 백성의 마음.

6급 朴 순박할·성 박
총 6 | 부 木

나무(木) 등걸에다 점(卜)을 치니 순박하다.

비슷한 한자 材 재목 재

출제단어
素朴(소박) : 꾸밈이 없이 순수하고 자연스러움.
質朴(질박) : 꾸밈이 없고 고지식함.

6급 半 반 반
총 5 | 부 十

소(牛)를 쪼개어(十) 나누니 절반이다.

비슷한 한자 羊 양 양

출제단어
半面(반면) : 한 면의 절반.
後半(후반) : 반반씩 둘로 나눈 것의 뒷부분.

25일 완성 **06**일째

反
돌아올·돌이킬 **반**
총 4 | 부 又

필요없는 바위(厂)를 손(又)으로 엎어 치우다.
반의자 **贊** 도울 찬

출제단어
反共(반공) : 공산주의를 반대함.
反省(반성) : 자신의 잘못이나 허물을 돌이켜 생각하여 깨닫는 것.

班
나눌 **반**
총 10 | 부 王

구슬(王)을 칼(刀)로 쪼개니 둘로 **나누어** 징표로 삼았다.
동의자 **分** 나눌 분

출제단어
班白(반백) : 흑백이 반씩 섞인 머리털.
分班(분반) : 나뉜 각각의 반. 몇 반으로 나눔.

發
쏠·필 **발**
총 12 | 부 癶

활(弓)과 몽둥이(殳)를 들고 걸어가(癶) **쏘다**.

출제단어
發明(발명) : 전까지 없던 것을 새로 생각하여 만들어 냄.
開發(개발) : 개척하여 유용하게 만듦.

放
놓을 **방**
총 8 | 부 攵

매를 처서(攵) 다른 곳(方)으로 **내쫓는다**.
반의자 **防** 막을 방

출제단어
放心(방심) : 안심하여 주의를 하지 않음.
訓放(훈방) : 가벼운 죄를 범한 사람을 훈계하여 놓아줌.

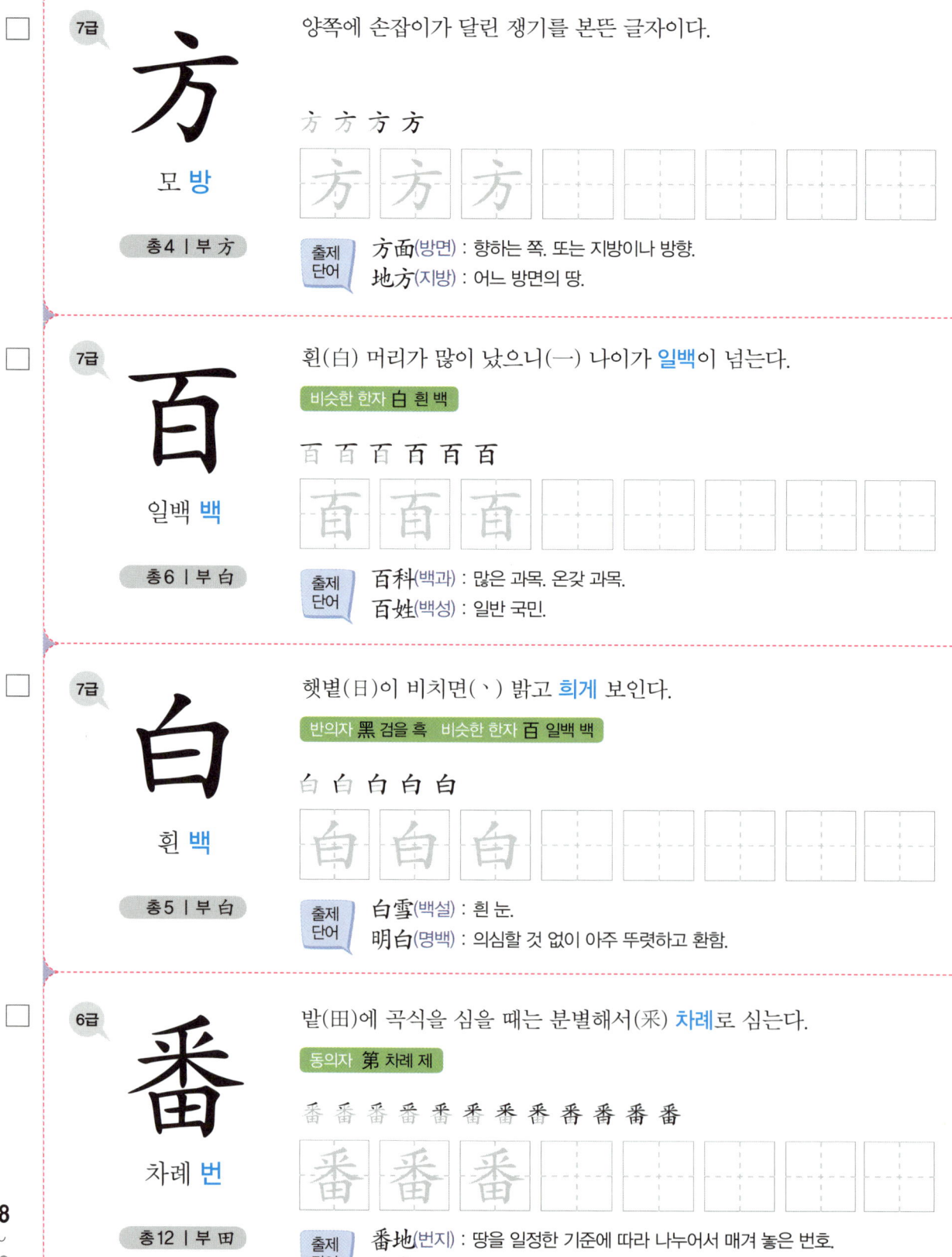

25일 완성 **06** 일째

別 나눌·다를 별
총 7 | 부 刂

뼈와 살을 칼(刂)로 잘라서(另) 나눈다.

동의자 分 나눌 분 區 나눌 구 반의자 同 한가지 동

別 別 別 別 別 別 別

출제단어
別居(별거) : 부부나 한집안 식구가 따로 떨어져 삶.
作別(작별) : 인사를 나누고 헤어짐.

病 병 병
총 10 | 부 疒

방 안(丙)에서 자리에 누우니(疒) 병든 사람이다.

동의자 疾 병 질

病 病 病 病 病 病 病 病 病 病

출제단어
病室(병실) : 병의 치료를 위해 환자가 거처하는 방.
問病(문병) : 앓는 사람을 찾아가 위로함.

服 옷 복
총 8 | 부 月

몸(月)을 다스려(服) 보호하는 것은 옷이다.

동의자 衣 옷 의

服 服 服 服 服 服 服

출제단어
道服(도복) : 무도를 수련할 때 입는 운동복.
校服(교복) : 학교에서 학생들에게 입히는 복장.

本 근본 본
총 5 | 부 木

나무(木) 밑에 표적(一)을 그어 밑뿌리를 나타낸 것에서 근본을 뜻하게 된 글자이다.

비슷한 한자 木 나무 목

本 本 本 本 本

출제단어
本能(본능) : 동물이 선천적으로 가지고 있는 감정.
本來(본래) : 변하여 온 사물의 처음 바탕.

확인학습 6회

1. 다음 漢字語의 讀音을 쓰시오.

(1) 素朴 (　　　)   (2) 反動 (　　　)   (3) 發見 (　　　)

(4) 番號 (　　　)   (5) 服從 (　　　)   (6) 本性 (　　　)

2. 다음 漢字의 訓과 音을 쓰시오.

(1) 美 (　　　)   (2) 半 (　　　)   (3) 民 (　　　)

(4) 放 (　　　)   (5) 別 (　　　)   (6) 部 (　　　)

(7) 北 (　　　)   (8) 班 (　　　)   (9) 百 (　　　)

(10) 病 (　　　)   (11) 夫 (　　　)   (12) 白 (　　　)

3. 다음 漢字의 部首를 쓰세요.

(1) 百 (　　　)

(2) 北 (　　　)

(3) 美 (　　　)

4. 다음 漢字의 讀音을 보고 漢字를 쓰시오.

(1) 미녀 (　　　)   (2) 문병 (　　　)

(3) 반장 (　　　)   (4) 방학 (　　　)

> 쓰기 한자

☐ **6급** 分 나눌 **분**

총 4 | 부 刀

팔(八)은 반으로 나눌 수 있는 수로 칼(刀)을 써서 나눈다.

반의자 合 합할 합

分 分 分 分

출제단어
分明(분명) : 흐리지 않고 또렷함.
分別(분별) : 사물을 종류에 따라 나누어 가름.

☐ **7급** 不 아닐 **불·부**

총 4 | 부 一

새가 하늘로 향해 날아가 버리는 모양을 본뜬 글자이다.

동의자 否 아닐 부

不 不 不 不

출제단어
不良(불량) : 성정, 행실이 좋지 못함.
不動(부동) : 움직이지 않음.

☐ **6급** 使 하여금·부릴 **사**

총 8 | 부 亻

관리(吏)는 사람(亻)을 부린다.

동의자 令 하여금 령

使 使 使 使 使 使

출제단어
使臣(사신) : 임금의 명령을 받고 외국에 사절로 가는 신하.
使徒(사도) : 거룩한 일을 위하여 헌신하는 사람.

☐ **6급** 死 죽을 **사**

총 6 | 부 歹

사람이 죽어 비수(匕)처럼 가는 뼈(歹)만 남으니 죽었다.

반의자 生 살 생 活 살 활

死 死 死 死 死 死

출제단어
死亡(사망) : 사람이 죽음.
死守(사수) : 죽음을 무릅쓰고 지킴.

25일 완성 **07**일째

6급 社 모일 사
총8 | 부 示

토지(土)의 신(示)에게 제사를 지낼 때 많은 사람이 모인다.

동의자 會 모일 회 비슷한 한자 祈 빌 기

社 社 社 社 社 社 社
社 社 社

출제단어
社交(사교) : 여러 사람이 모여 서로 교제함.
社屋(사옥) : 신문사, 출판사 또는 회사가 있는 건물.

7급 事 일 사
총8 | 부 亅

깃발을 손에 들고 일터로 나가는 모양을 본뜬 글자이다.

동의자 業 업 업

事 事 事 事 事 事 事
事 事 事

출제단어
事件(사건) : 뜻밖에 일어난 변고.
事後(사후) : 일이 지난 뒤.

8급 四 넉 사
총5 | 부 口

사방(口)을 네 부분으로 나눈다(八).

비슷한 한자 西 서녘 서

四 四 四 四 四
四 四 四

출제단어
四方(사방) : 동, 서, 남, 북의 네 방향. 주변 일대.
四日(사일) : 나흘.

7급 算 셈 산
총14 | 부 竹

대나무(竹)로 만든 도구는 셈할 때 사용한다.

동의자 數 셈 수

算 算 算 算 算 算 算 算 算 算 算 算
算 算 算

출제단어
算定(산정) : 셈하여 정함.
算出(산출) : 계산해 냄. 셈함.

> 쓰기 한자

☐ **8급** 山 메 산
총 3 | 부 山

산의 모양을 본뜬 글자이다.
반의자 江 강 강

山 山 山

출제단어 山林(산림) : 산에 있는 숲. 산과 숲.
山蔘(산삼) : 깊은 산에서 자란 삼.

☐ **8급** 三 석 삼
총 3 | 부 一

각각 하늘, 사람, 땅을 가리킨다.
동의자 參 석 삼

三 三 三

출제단어 三伏(삼복) : 초복, 중복, 말복을 이르는 말.
三尺(삼척) : 석 자.

☐ **7급** 上 윗 상
총 3 | 부 一

점(卜)을 쳐서 아래(一)서 받드니 위를 의미한다.
반의자 下 아래 하   비슷한 한자 土 흙 토

上 上 上

출제단어 向上(향상) : 위나 앞을 향해 발전함.
上中下(상중하) : 위와 가운데와 아래.

☐ **7급** 色 빛 색
총 6 | 부 色

사람(人)이 뱀(巴)을 보면 놀라 낯빛이 변한다.
비슷한 한자 邑 고을 읍

色 色 色 色 色 色

출제단어 色相(색상) : 육안으로 볼 수 있는 모든 물질의 형상.
色素(색소) : 물체의 색의 본질.

25일 완성 **07**일째

☐ 8급

生
날 **생**

총 5 | 부 生

땅(土)을 뚫고 싹이 **나오니** 생명이다.

반의자 死 죽을 사

生 生 生 生 生

출제단어
生計(생계) : 살아갈 방도나 형편.
生物(생물) : 동물, 식물의 총칭.

☐ 6급

書
글 **서**

총 10 | 부 日

전해오는 말(曰)을 붓(聿)으로 옮겨 적은 것이 **책**이다.

동의자 文 글월 문 **비슷한 한자** 晝 낮 주 畫 그림 화

書 書 書 書 書 書 書 書 書 書

출제단어
文書(문서) : 글자나 숫자 따위로 일정한 뜻을 나타낸 것.
書道(서도) : 글씨를 쓰는 방법.

☐ 8급

西
서녘 **서**

총 6 | 부 西

해질 무렵 새가 둥지를 찾아 앉는 모양으로 **서쪽**의 뜻으로 쓰인다.

반의자 東 동녘 동 **비슷한 한자** 酉 닭 유

西 西 西 西 西 西

출제단어
西風(서풍) : 서쪽에서 부는 바람.
西洋(서양) : 동양이라고 불리는 아시아에 대립되는 유럽을 일컫는 말.

☐ 6급

席
자리 **석**

총 10 | 부 巾

여러(庶) 사람이 앉도록 깔개(巾)를 깔아 **자리**를 만든다.

동의자 座 자리 좌 **비슷한 한자** 度 법도 도

席 席 席 席 席 席 席 席 席 席

출제단어
方席(방석) : 앉을 때 밑에 까는 작은 깔개.
席次(석차) : 자리의 차례.

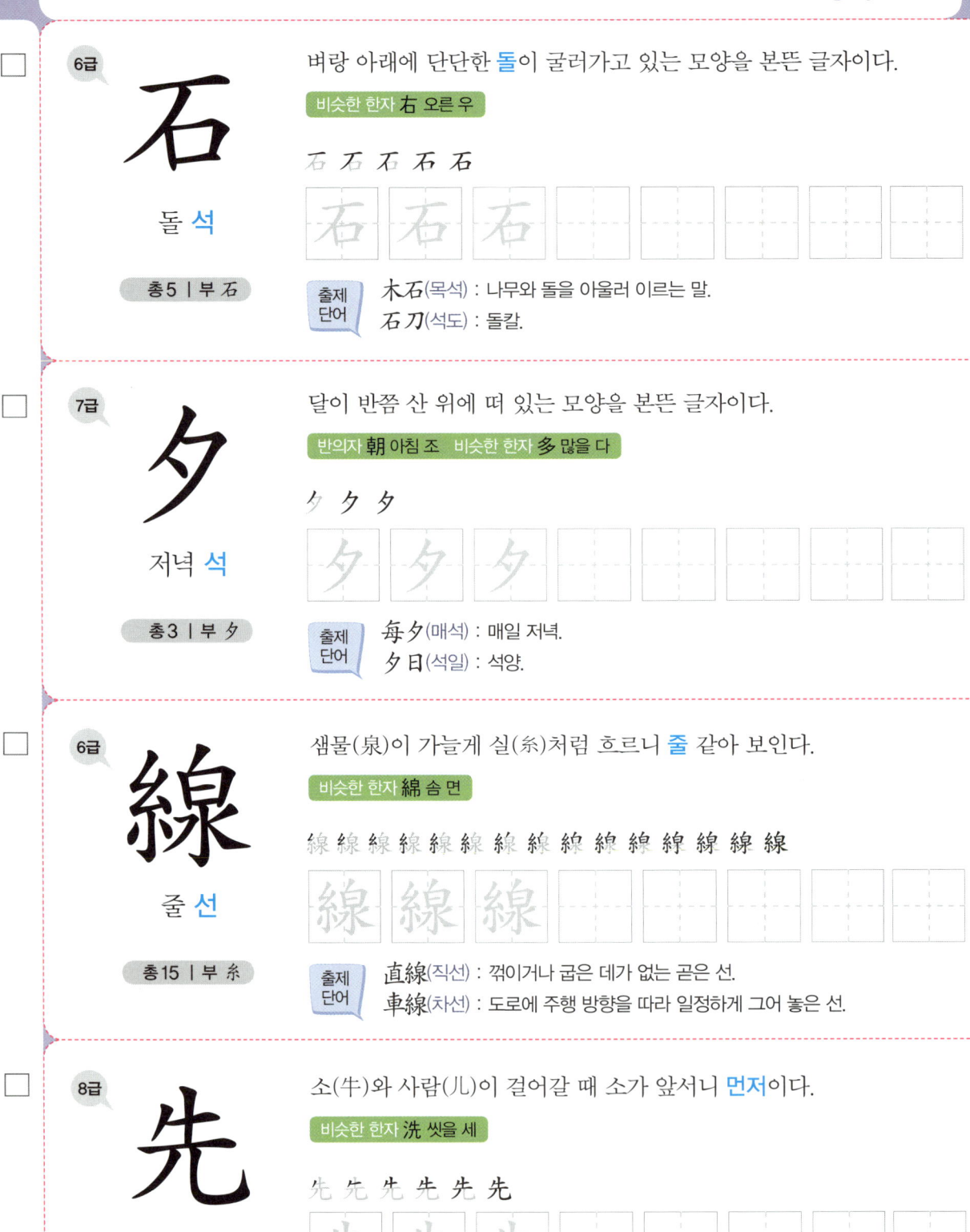

확인학습 7회

1. 다음 漢字語의 讀音을 쓰시오.

(1) 分業 (   )　(2) 使用 (   )　(3) 書信 (   )

(4) 死後 (   )　(5) 出席 (   )　(6) 路線 (   )

2. 다음 漢字의 訓과 음을 쓰시오.

(1) 不 (   )　(2) 事 (   )　(3) 算 (   )

(4) 色 (   )　(5) 石 (   )　(6) 社 (   )

(7) 生 (   )　(8) 先 (   )　(9) 山 (   )

(10) 夕 (   )　(11) 四 (   )　(12) 上 (   )

3. 다음 漢字의 部首를 쓰세요.

(1) 算 (   )

(2) 書 (   )

(3) 先 (   )

4. 다음 漢字의 讀音을 보고 漢字를 쓰시오.

(1) 사장 (   )　(2) 석유 (   )

(3) 색지 (   )　(4) 전산 (   )

> 쓰기 한자

6급 雪 / 눈 설 / 총11 | 부 雨

비(雨)가 얼어서 내리는 것을 손(ㅋ)으로 받으니 눈이다.

비슷한 한자 雲 구름 운

출제단어
雪景(설경): 눈이 내리거나 눈이 쌓인 경치.
雪花(설화): 나뭇가지에 꽃처럼 붙은 눈발.

6급 成 / 이룰 성 / 총7 | 부 戈

무성한(戊) 장정(丁)이 되니 모든 일을 이룰 수 있다.

비슷한 한자 城 성 성

출제단어
成果(성과): 이루어 낸 결실.
成立(성립): 일이나 관계 따위가 제대로 이루어짐.

6급 省 / 살필 성/덜 생 / 총9 | 부 目

눈(目)으로 작은(少) 것까지 자세히 보며 살피다.

동의자 察 살필 찰 略 줄일 략

출제단어
自省(자성): 스스로 반성함.
內省(내성): 자기의 사상이나 언동 따위를 돌이켜 봄.

7급 姓 / 성 성 / 총8 | 부 女

여자(女)가 아이를 낳으면(生) 성과 이름을 붙여준다.

비슷한 한자 性 성품 성

출제단어
姓名(성명): 성과 이름.
姓氏(성씨): 성의 존칭.

25일 완성 **08**일째

世

인간·세대 세

총 5 | 부 一

열 십(十)을 세 개를 합치고 아랫부분을 그었으니 30년, 즉 한 **세대**이다.

비슷한 한자 也 어조사 야

世 世 世 世 世

출제단어
- 世上(세상) : 사람이 살고 있는 땅.
- 世紀(세기) : 시대.

消

사라질 소

총 10 | 부 氵

물(氵)이 증발하여 적어지니(肖) **사라진다**.

동의자 滅 멸할 멸   비슷한 한자 肖 닮을 초

消 消 消 消 消 消 消 消 消 消

출제단어
- 消息(소식) : 안부나 어떤 형세 따위를 알림.
- 消毒(소독) : 약물이나 열 등으로 병원균을 죽이는 일.

少

적을 소

총 4 | 부 小

작은(小) 것을 얇게(丿) 깎아내니 **적은** 량이다.

반의자 多 많을 다   비슷한 한자 小 작을 소

少 少 少 少

출제단어
- 少女(소녀) : 어린 여자 아이.
- 多少(다소) : 분량이나 정도의 많음과 적음.

所

바 소

총 8 | 부 戶

집(戶) 안에 도끼(斤)를 두는 **장소**는 헛간이다.

所 所 所 所 所 所 所 所

출제단어
- 所聞(소문) : 널리 떠도는 말.
- 所信(소신) : 믿는 바.

> 쓰기 한자

8급 小

매우 작고 가는 것의 모습을 본뜬 글자이다.

반의자 大 큰 대   비슷한 한자 少 적을 소

小 小 小

작을 소

총 3 | 부 小

출제단어
小數(소수) : 적은 수.
小心(소심) : 조심성이 많음. 주의함.

6급 速

다발로 묶어서(束) 나르는(辶) 것이 빠르다.

동의자 急 급할 급   비슷한 한자 束 묶을 속

速 速 速 速 速 速 速 速 速 速 速

빠를 속

총 11 | 부 辶

출제단어
速行(속행) : 급히 감.
加速(가속) : 속도를 더함.

6급 孫

자식(子)에게서 자식에게로 이어지는(系)것으로 손자를 뜻한다.

반의자 祖 할아버지 조   비슷한 한자 係 맬 계

孫 孫 孫 孫 孫 孫 孫 孫 孫 孫

손자 손

총 10 | 부 子

출제단어
孫女(손녀) : 아들의 딸.
後孫(후손) : 이후에 태어나는 자손들.

6급 樹

나무(木)를 세우듯이(尌) 몸을 세우다.

동의자 木 나무 목

樹 樹 樹 樹 樹 樹 樹 樹 樹 樹 樹 樹 樹 樹 樹 樹

나무 수

총 16 | 부 木

출제단어
樹立(수립) : 국가나 정부, 제도, 계획 따위를 이룩하여 세움.
植樹(식수) : 나무를 심음. 또는 심은 나무.

25일 완성 **08**일째

☐ 7급

手
손 수
총 4 | 부 手

손의 다섯 손가락을 편 모양과 바닥 모양을 본뜬 글자이다.

반의자 足 발 족

手 手 手 手

출제단어
手段(수단) : 일을 처리하는 방법.
手足(수족) : 손과 발.

☐ 7급

數
셈 수
총 15 | 부 攵

어리석은 여자(婁)는 쳐서(攵) 깨우쳐야 셈을 한다.

동의자 算 셈 산

數 數 數 數 數 數 數 數 數 數 數 數 數

출제단어
數量(수량) : 개수나 분량.
數次(수차) : 몇 차례. 두 서너 차례.

☐ 8급

水
물 수
총 4 | 부 水

물이 흐르는 모양을 본뜬 글자이다.

비슷한 한자 永 길 영 氷 얼음 빙   **반의자** 火 불 화

水 水 水 水

출제단어
山水(산수) : 산과 물, 자연의 산천을 일컫는 말.
水路(수로) : 물을 보내는 통로.

☐ 6급

術
재주 술
총 11 | 부 行

삽주뿌리(朮)처럼 얽힌 길을 찾아가니(行) 재주가 좋다.

동의자 技 재주 기 藝 재주 예

術 術 術 術 術 術 術 術 術

출제단어
美術(미술) : 공간 및 시각의 미를 표현하는 예술.
心術(심술) : 온당하지 아니하게 고집을 부리는 마음.

> 쓰기 한자

25일 완성 **08**일째

6급 習
익힐 **습**
총 11 | 부 羽

흰(白) 솜털난 새끼 새가 날개(羽) 짓을 자주해 익힌다.

동의자 練 익힐 련

習 習 習 習 習 習 習 習

출제단어
學習(학습) : 배워서 익히는 일.
自習(자습) : 제 스스로 배워서 익힘.

6급 勝
이길 **승**
총 12 | 부 力

힘(力)이 센 사람은 으뜸(朕)이 되므로 이기고 승리한다.

반의자 敗 질 패

勝 勝 勝 勝 勝 勝 勝 勝 勝 勝

출제단어
勝利(승리) : 겨루어 이김.
勝戰(승전) : 싸움에서 이김.

6급 始
비로소 **시**
총 8 | 부 女

여자(女) 뱃속에 아이가 생기는 일이 시초라는데서 비로소를 뜻한다.

동의자 初 처음 초 반의자 末 끝 말

始 始 始 始 始 始 始

출제단어
始動(시동) : 처음으로 움직이기 시작함.
始作(시작) : 처음으로 함.

7급 市
저자 **시**
총 5 | 부 巾

위를 덮은(亠) 집에서 베(巾)를 파는 곳이 시장이다.

비슷한 한자 布 베 포

市 市 市 市 市

출제단어
市內(시내) : 도시의 안쪽.
市場(시장) : 장사하는 장소.

확인학습 8회

1. 다음 漢字語의 讀音을 쓰시오.

(1) 成果 (　　)   (2) 消化 (　　)   (3) 急速 (　　)

(4) 反省 (　　)   (5) 美術 (　　)   (6) 勝利 (　　)

2. 다음 漢字의 訓과 音을 쓰시오.

(1) 姓 (　　)   (2) 少 (　　)   (3) 孫 (　　)

(4) 數 (　　)   (5) 雪 (　　)   (6) 習 (　　)

(7) 樹 (　　)   (8) 始 (　　)   (9) 所 (　　)

(10) 世 (　　)   (11) 市 (　　)   (12) 水 (　　)

3. 다음 漢字의 部首를 쓰세요.

(1) 雪 (　　)

(2) 成 (　　)

(3) 術 (　　)

4. 다음 漢字의 讀音을 보고 漢字를 쓰시오.

(1) 대설 (　　)   (2) 손자 (　　)

(3) 풍습 (　　)   (4) 시작 (　　)

> 쓰기 한자

7급

時
때 시
총 10 | 부 日

절(寺)에서는 해(日)가 뜨고 지는 것으로 시간을 안다.

비슷한 한자 詩 시 시

時 時 時 時 時 時 時 時

출제단어
時期(시기) : 기회. 그 즈음.
時事(시사) : 당시에 일어난 사건.

6급

式
법 식
총 6 | 부 弋

주살(弋)을 만드는(工) 것도 법이 있다.

동의자 法 법 법 規 법 규

式 式 式 式 式 式

출제단어
式場(식장) : 식을 거행하는 장소.
書式(서식) : 서류를 꾸미는 일정한 방식.

7급

植
심을 식
총 12 | 부 木

나무(木)는 곧게(直) 세워 심어야 한다.

동의자 栽 심을 재 비슷한 한자 直 곧을 직

植 植 植 植 植 植 植 植 植 植

출제단어
植木(식목) : 나무를 심음. 식수.
植物(식물) : 생물계를 동물계와 구분한 한 부문. 풀 나무.

7급

食
밥·먹을 식
총 9 | 부 食

사람(人)에게 가장 좋은(良) 음식은 밥이다.

동의자 飯 밥 반

食 食 食 食 食 食 食

출제단어
食事(식사) : 밥과 음식을 먹는 것.
食前(식전) : 밥 먹기 전.

25일 완성 **09** 일째

6급 信 / 믿을 신 / 총 9 | 부 亻

사람(亻)이 하는 말(言)에는 믿음이 있어야 한다.

동의자 仰 우러를 앙

출제단어
信實(신실) : 믿음직하고 착실함.
通信(통신) : 소식을 전함.

6급 新 / 새 신 / 총 13 | 부 斤

서(立)있는 나무(木)를 도끼(斤)로 자르니 새로운 싹이 돋아난다.

반의자 舊 예 구 古 예 고   비슷한 한자 親 친할 친

출제단어
新綠(신록) : 초여름에 새로 나온 잎의 푸른빛.
最新(최신) : 가장 새로움.

6급 神 / 귀신 신 / 총 10 | 부 示

만물을 펴서(申) 영험함을 보이는(示) 것이 귀신이다.

동의자 鬼 귀신 귀   비슷한 한자 祖 할아버지 조

출제단어
神童(신동) : 재주와 슬기가 남달리 특출한 아이.
神父(신부) : 천주교, 성공회의 사목자.

6급 身 / 몸 신 / 총 7 | 부 身

아이 밴 여자의 불룩한 배 모양을 본뜬 글자로 몸을 뜻한다.

동의자 體 몸 체   반의자 心 마음 심

출제단어
身上(신상) : 한 사람의 몸이나 처신.
身分(신분) : 개인의 사회적인 위치나 계급.

> 쓰기 한자

6급 失 잃을 실 | 총 5 | 부 大

사람(人)이 커지니(大) 본래의 모습을 잃다.

동의자 忘 잊을 망 반의자 得 얻을 득 비슷한 한자 矢 화살 시

失 失 失 失 失

출제단어
- 失禮(실례) : 말이나 행동이 예의에 벗어남.
- 失業(실업) : 생업을 잃음.

8급 室 집·방 실 | 총 9 | 부 宀

지붕(宀)을 덮은 안에 이르면(至) 집이다.

동의자 家 집 가 宇 집 우

室 室 室 室 室 室 室 室 室

출제단어
- 室內(실내) : 방안. 남의 아내를 일컫는 말.
- 溫室(온실) : 난방이 된 방.

7급 心 마음 심 | 총 4 | 부 心

심장의 모양을 본뜬 글자로 마음을 뜻한다.

반의자 身 몸 신 體 몸 체

心 心 心 心

출제단어
- 人心(인심) : 남의 딱한 처지를 알아주고 도와주는 마음.
- 中心(중심) : 한가운데. 중요하고 기본이 되는 부분.

8급 十 열 십 | 총 2 | 부 十

다섯 손가락이 달린 두 팔을 엇걸어 열을 나타낸 글자이다.

동의자 拾 열 십

十 十

출제단어
- 十分(십분) : 완전함.
- 十長生(십장생) : 오래 살고 죽지 않는다는 열 가지.

25일 완성 **09**일째

安 (편안 안) — 7급
총 6 | 부 宀

집(宀)안은 여자(女)가 돌봐야 편안하다.

동의자 寧 편안 녕 비슷한 한자 案 책상 안

출제단어
- 安樂(안락) : 편안하고 즐거움.
- 安心(안심) : 걱정이 없이 마음을 편히 가짐.

愛 (사랑 애) — 6급
총 13 | 부 心

따뜻한 마음(心)을 받으니(受) 사랑을 받는 것이다.

동의자 慈 사랑 자 반의자 憎 미울 증 惡 미워할 오

출제단어
- 愛讀(애독) : 즐겨 재미있게 읽음.
- 愛情(애정) : 사랑하는 마음.

夜 (밤 야) — 6급
총 8 | 부 夕

하루를 사람의 몸에 빗대 그 옆구리에 달을 그린 모양을 본뜬 글자이다.

반의자 晝 낮 주 午 낮 오

출제단어
- 夜間(야간) : 해가 진 뒤부터 먼동이 트기 전까지의 동안.
- 夜景(야경) : 밤의 경치.

野 (들 야) — 6급
총 11 | 부 里

마을(里)이 있기 이전(予)에는 평평한 들이었다.

동의자 郊 들 교

출제단어
- 野性(야성) : 교양 없이 본능 그대로의 거친 성질.
- 平野(평야) : 넓게 펼쳐진 들.

> 쓰기 한자

25일 완성 **09** 일째

6급

弱
약할 **약**

총 10 | 부 弓

새의 두 날개가 **힘없이** 축 늘어진 모양을 본뜬 글자이다.

반의자 強 강할 강 비슷한 한자 羽 깃 우

弱 弱 弱 弱 弱 弱 弱 弱 弱 弱

출제단어
- 弱小(약소) : 약하고 작음.
- 弱者(약자) : 힘이나 기능이 약한 사람이나 생물 또는 집단.

6급

藥
약 **약**

총 19 | 부 艹

즐거움(樂)을 주는 풀(艹)은 **약**초이다.

비슷한 한자 樂 즐길 락

藥 藥 藥 藥 藥 藥 藥 藥 藥 藥 藥 藥 藥 藥 藥 藥 藥 藥 藥

출제단어
- 藥房(약방) : 한약을 지어 파는 곳.
- 名藥(명약) : 효력이 뛰어나서 소문난 약.

6급

洋
큰바다 **양**

총 9 | 부 氵

양 떼(羊)처럼 많은 물(氵)이니 **큰바다**이다.

동의자 滄 큰바다 창 비슷한 한자 羊 양 양

洋 洋 洋 洋 洋 洋 洋 洋 洋

출제단어
- 洋服(양복) : 서양식으로 만든 옷.
- 洋屋(양옥) : 서양식으로 지은 집.

6급

陽
볕 **양**

총 12 | 부 阝

절벽(阝)에서 온화한 해(昜)가 비추고 있는 것에서 **볕**을 의미한다.

동의자 景 볕 경 반의자 陰 그늘 음

陽 陽 陽 陽 陽 陽 陽 陽 陽 陽 陽 陽

출제단어
- 陽地(양지) : 햇볕이 바로 드는 곳.
- 太陽(태양) : 태양계의 중심이 되는 별.

확인학습 9회

1. 다음 漢字語의 讀音을 쓰시오.

(1) 書式 (　　　)　　(2) 信用 (　　　)　　(3) 身體 (　　　)

(4) 愛人 (　　　)　　(5) 弱體 (　　　)　　(6) 夕陽 (　　　)

2. 다음 漢字의 訓과 音을 쓰시오.

(1) 時 (　　　)　　(2) 新 (　　　)　　(3) 失 (　　　)

(4) 洋 (　　　)　　(5) 植 (　　　)　　(6) 夜 (　　　)

(7) 藥 (　　　)　　(8) 神 (　　　)　　(9) 室 (　　　)

(10) 食 (　　　)　　(11) 安 (　　　)　　(12) 野 (　　　)

3. 다음 漢字의 部首를 쓰세요.

(1) 神 (　　　)

(2) 愛 (　　　)

(3) 洋 (　　　)

4. 다음 漢字의 讀音을 보고 漢字를 쓰시오.

(1) 신세계 (　　　)　　(2) 약초 (　　　)

(3) 야생 (　　　)　　(4) 실업 (　　　)

> 쓰기 한자

語 말씀 어
7급 | 총 14 | 부 言

자기(吾)의 생각을 말(言)로 표현하는 것이 언어이다.

동의자 言 말씀 언　話 말씀 화

語語語語語語語語語語語語語語

출제단어
古語(고어) : 옛말. 옛글.
語學(어학) : 언어에 대해 연구하는 학문.

言 말씀 언
6급 | 총 7 | 부 言

생각한 바를 찌르듯 입(口)을 열어 말을 한다.

동의자 語 말씀 어　話 말씀 화

言言言言言言言

출제단어
言語(언어) : 생각이나 느낌을 소리나 글자로 나타내는 수단.
文言(문언) : 편지의 문구.

業 업 업
6급 | 총 13 | 부 木

북을 올려놓은 받침대를 본뜬 글자이다.

동의자 事 일 사

業業業業業業業業業業業業業

출제단어
業者(업자) : 사업을 직접 경영하는 사람.
業主(업주) : 영업에서 생기는 모든 책임을 가진 주인.

然 그럴 연
7급 | 총 12 | 부 灬

개(犬) 고기(肉)를 불(灬)에 그을리니 맛이 그럴싸하다.

비슷한 한자 怨 원망할 원

然然然然然然然然然然然然

출제단어
不然(불연) : 그렇지 않음.
然後(연후) : 그런 뒤.

25일 완성 **10**일째

永 길 영 (7급)

여러 갈래의 물줄기가 합쳐져 흐르는 모양을 본뜬 글자이다.

동의자 長 긴 장 **반의자** 短 짧을 단 **비슷한 한자** 氷 얼음 빙

永 永 永 永 永

총 5 | 부 水

출제단어
- 永生(영생) : 영원한 생명. 또는 영원히 삶.
- 永遠(영원) : 어떤 상태가 끝없이 이어짐.

英 꽃부리 영 (6급)

초목(艹)에서 가장 곱게 보이는 꽃의 중앙(央)이 꽃부리다.

비슷한 한자 莫 없을 막

英 英 英 英 英 英 英 英 英

총 9 | 부 艹

출제단어
- 英國(영국) : 유럽 서부 대서양 가운데 있는 입헌 군주국.
- 英才(영재) : 뛰어난 재주. 또는 그런 사람.

午 낮 오 (7급)

방패(干)를 숙일(丿) 만큼 더우니 낮이다.

반의자 夜 밤 야 **비슷한 한자** 牛 소 우

午 午 午 午

총 4 | 부 十

출제단어
- 正午(정오) : 낮 12시. 오시.
- 午後(오후) : 정오부터 밤 열두시까지의 시간.

五 다섯 오 (8급)

다섯 손가락을 가리켜 된 글자이다.

五 五 五 五

총 4 | 부 二

출제단어
- 五方(오방) : 사방과 그 가운데.
- 五色(오색) : 다섯가지 빛깔.

> 쓰기 한자

6급 溫 따뜻할·부드러울 온
총 13 | 부 氵

따뜻한(昷) 물(氵)과 같이 마음을 주고받으니 그 사이가 **부드럽다**.

동의자 暖 따뜻할 난 **반의자** 冷 찰 랭 寒 찰 한

溫溫溫溫溫溫溫溫溫溫溫溫溫

출제단어
溫和(온화) : 날씨가 맑고 따뜻하며 바람이 부드러움.
溫氣(온기) : 따뜻한 기운.

8급 王 임금 왕
총 4 | 부 玉

삼(三)덕을 하나로 꿰뚫은(丨) 덕을 갖춘 사람이 **임금**이다.

동의자 君 임금 군 **비슷한 한자** 玉 구슬 옥

王 王 王 王

출제단어
王命(왕명) : 임금의 명령.
王族(왕족) : 임금의 친족.

8급 外 바깥 외
총 5 | 부 夕

저녁(夕)에 점(卜)을 치기 위해 집 **밖**으로 나간다.

반의자 內 안 내

外 外 外 外 外

출제단어
外交(외교) : 일을 하기 위하여 밖의 사람과 교제함.
外國(외국) : 자기 나라 밖의 딴 나라.

6급 勇 날랠 용
총 9 | 부 力

힘(力)이 용솟음(甬)쳐서 행동이 **날래고** 용맹스럽다.

비슷한 한자 男 사내 남

勇 勇 勇 勇 勇 勇 勇 勇 勇

출제단어
勇氣(용기) : 씩씩하고 용감한 기운.
勇士(용사) : 용맹스러운 사람.

25일 완성 **10**일째

用 쓸 용 (6급)

목장을 둘러 싼 나무 울타리의 모양을 본뜬 글자이다.

동의자 費 쓸 비 **비슷한 한자** 丹 붉을 단

用 用 用 用 用

총 5 | 부 用

출제단어
- 用途(용도) : 쓰이는 길. 또는 쓰이는 곳.
- 用務(용무) : 볼일. 해야 할 일.

右 오른쪽 우 (7급)

입(口)에 음식을 넣는 손은 **오른쪽**이다.

반의자 左 왼 좌 **비슷한 한자** 石 돌 석

右 右 右 右 右

총 5 | 부 口

출제단어
- 右便(우편) : 오른편.
- 右中間(우중간) : 정면과 오른쪽의 가운데가 되는 쪽.

運 옮길 운 (6급)

군사(軍)들이 무기나 식량을 싣고 걸어(辶)간다.

동의자 移 옮길 이 **비슷한 한자** 連 이을 련

運 運 運 運 運 運 運 運 運

총 13 | 부 辶

출제단어
- 幸運(행운) : 좋은 운수.
- 空運(공운) : 항공기로 사람이나 물건을 실어 나르는 일.

園 동산·울타리 원 (6급)

주렁주렁(袁) 열매가 달린 곳을 막은(口) 것이 **울타리**이다.

동의자 圓 둥글 원

園 園 園 園 園 園 園 園 園

총 13 | 부 口

출제단어
- 庭園(정원) : 집안에 있는 뜰.
- 樂園(낙원) : 아무런 걱정 없이 살 수 있는 즐거운 곳.

확인학습 10회

1. 다음 漢字語의 讀音을 쓰시오.

   (1) 語學 (   )   (2) 溫度 (   )   (3) 勇氣 (   )

   (4) 樂園 (   )   (5) 石油 (   )   (6) 運動 (   )

2. 다음 漢字의 訓과 音을 쓰시오.

   (1) 業 (   )   (2) 永 (   )   (3) 王 (   )

   (4) 英 (   )   (5) 外 (   )   (6) 右 (   )

   (7) 遠 (   )   (8) 午 (   )   (9) 言 (   )

   (10) 用 (   )   (11) 由 (   )   (12) 然 (   )

3. 다음 漢字의 部首를 쓰세요.

   (1) 語 (   )

   (2) 園 (   )

   (3) 勇 (   )

4. 다음 漢字의 讀音을 보고 漢字를 쓰시오.

   (1) 영원 (   )   (2) 애용 (   )

   (3) 이유 (   )   (4) 영어 (   )

> 쓰기 한자

7급 有 / 있을 유 / 총 6 | 부 月

사람은 손과 몸(月)을 가지고 있다.
동의자 在 있을 재 반의자 無 없을 무

有 有 有 有 有 有

출제단어
有利(유리) : 이익이 있음.
所有(소유) : 가지고 있음.

7급 育 / 기를 육 / 총 8 | 부 月

갓난아이가 살(月)이 오르니 잘 기른다.
비슷한 한자 養 기를 양

育 育 育 育 育 育 育

출제단어
育成(육성) : 길러냄. 길러 발육시킴.
育英(육영) : 인재를 기름. 학교를 달리 이르는 말.

6급 銀 / 은 은 / 총 14 | 부 金

흰빛(艮)을 내는 쇠붙이(金)는 광산에서 캐는 은이다.
비슷한 한자 根 뿌리 근

銀 銀 銀 銀 銀 銀 銀 銀 銀 銀

출제단어
銀行(은행) : 예금을 받아 그 돈으로 여러 업무를 하는 금융 기관.
金銀(금은) : 금과 은.

6급 音 / 소리 음 / 총 9 | 부 音

날(日)이 밝으면 만물이 활동하니(立) 소리가 난다.
동의자 聲 소리 성 비슷한 한자 意 뜻 의

音 音 音 音 音 音 音

출제단어
音色(음색) : 소리의 감각적 특색.
發音(발음) : 음성을 냄. 또는 그 음성.

25일 완성 **11**일째

6급

飮

마실 **음**

총 13 | 부 食

밥(食)을 먹고 크게 입 벌리고(欠) **마시는** 것은 물이다.

비슷한 한자 飯 밥 반

출제단어
飮用(음용) : 마심. 먹음. 마시는데 쓰임.
飮食(음식) : 먹는 것과 마시는 것.

7급

邑

고을 **읍**

총 7 | 부 邑

일정한 구역(口)에 모여(巴) 사는 곳이 **고을**이다.

동의자 洞 골 동 / 밝을 통

출제단어
邑民(읍민) : 고을 내에 사는 사람.
邑長(읍장) : 읍의 행정 사무를 통괄하는 우두머리.

6급

意

뜻 **의**

총 13 | 부 心

마음(心) 속에서 원하는 소리(音)는 **뜻**이다.

동의자 志 뜻 지

출제단어
意外(의외) : 뜻밖.
注意(주의) : 마음에 새겨 두고 조심함.

6급

衣

옷 **의**

총 6 | 부 衣

사람이 저고리를 입은 모양을 본뜬 글자이다.

동의자 服 옷 복

출제단어
衣服(의복) : 몸을 가리거나 보호하기 위하여 입는 물건.
下衣(하의) : 몸의 아랫도리에 입는 옷.

> 쓰기 한자

6급 醫 의원 의
총 18 | 부 酉

신음하는(殹) 환자에게 약술(酉)을 먹여 병을 고치는 사람이니 **의원**이다.

출제단어
醫科(의과) : 조선 시대에, 의술에 정통한 사람을 시험하여 뽑던 과거.
名醫(명의) : 병을 잘 고쳐 이름난 의원이나 의사.

8급 二 두 이
총 2 | 부 二

두 개의 막대기를 본뜬 글자이다.

동의자 貳 두 이

출제단어
二流(이류) : 버금가는 정도.
二重(이중) : 두 번 거듭 됨.

8급 人 사람 인
총 2 | 부 人

물체가 서로 기대고 서듯 **사람**도 서로 의지하고 산다는 뜻이다.

비슷한 한자 入 들 입

출제단어
人格(인격) : 사람으로서의 됨됨이.
人命(인명) : 사람의 목숨.

8급 一 한 일
총 1 | 부 一

한 개의 막대기를 본뜬 것으로 하나의 뜻으로 쓰인다.

동의자 壹 한 일

출제단어
一角(일각) : 한 귀퉁이.
萬一(만일) : 있을지도 모르는 뜻밖의 경우.

25일 완성 **11** 일째

☐ 8급

日
날 일

총 4 | 부 日

해의 모양을 본뜬 글자로 **하루**의 뜻으로 쓰인다.

반의자 月 달 월

日 日 日 日

출제단어
每日(매일) : 하루하루의 모든 날.
日記(일기) : 자기의 생각을 솔직하게 적는 글.

☐ 7급

入
들 입

총 2 | 부 入

몸을 굽혀 안으로 들어가는 것을 본뜬 글자로 **들다**의 뜻이다.

동의자 納 들일 납   반의자 出 날 출

入 入

출제단어
入城(입성) : 성안으로 들어감.
入口(입구) : 들어가는 어귀.

☐ 6급

者
놈 자

총 9 | 부 老

머리가 하얀(白) 늙은(耂) 사람이 젊은이에게 **놈**이라 부른다.

비슷한 한자 著 지을 저

者 者 者 者 者 者 者 者

출제단어
記者(기자) : 기사를 취재하여 쓰거나 편집하는 사람.
作者(작자) : 물건이나 예술 작품을 만드는 사람.

☐ 7급

子
아들 자

총 3 | 부 子

어린 아이가 양팔을 펼치고 있는 모양을 본뜬 글자이다.

반의자 女 계집 녀   비슷한 한자 予 나 여

子 子 子

출제단어
子孫(자손) : 아들과 손자.
父子(부자) : 아버지와 아들.

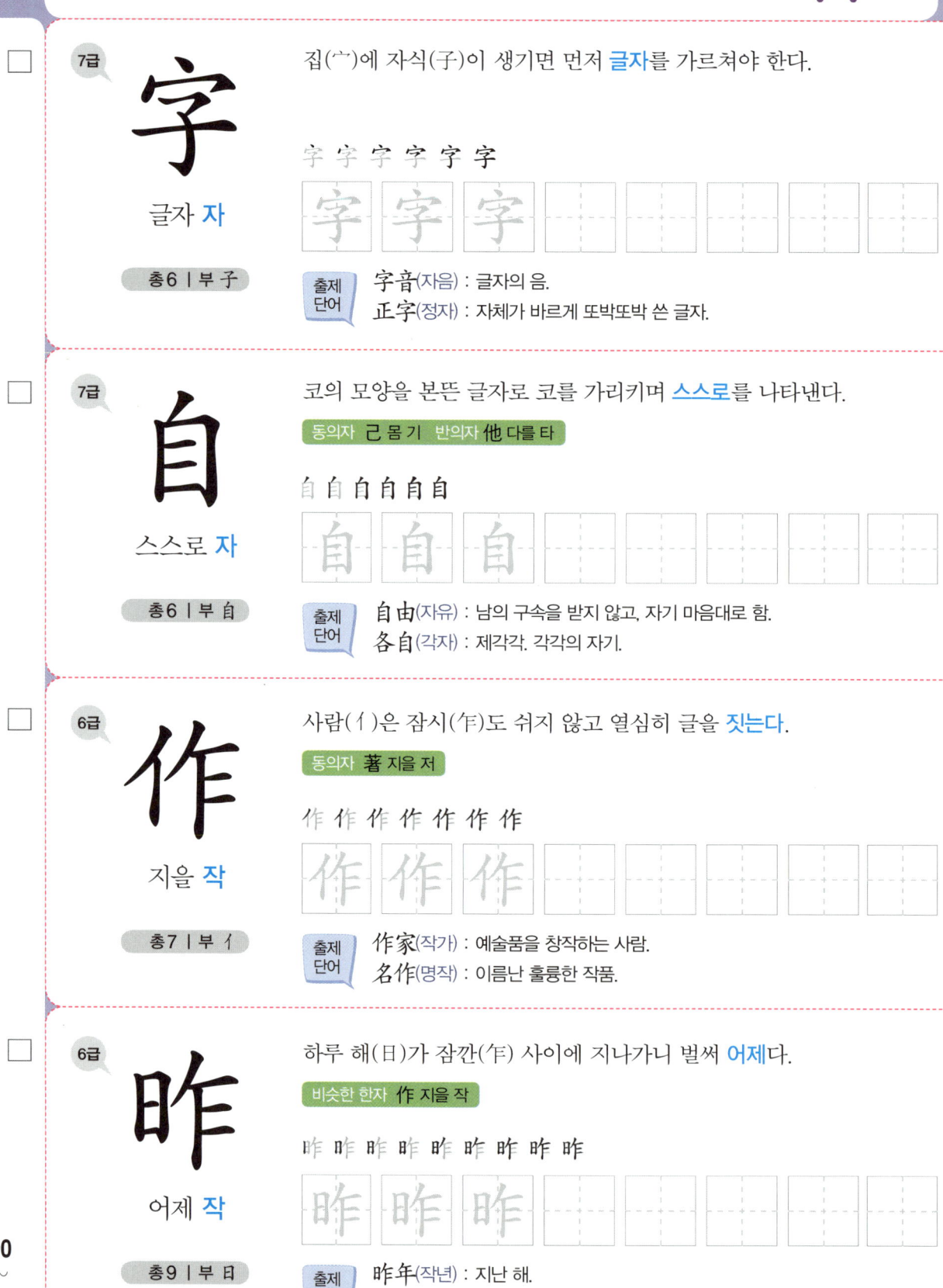

확인학습 11회

1. 다음 漢字語의 讀音을 쓰시오.

(1) 銀行 (   )   (2) 注意 (   )   (3) 記者 (   )

(4) 發音 (   )   (5) 衣服 (   )   (6) 作家 (   )

2. 다음 漢字의 訓과 음을 쓰시오.

(1) 字 (   )   (2) 有 (   )   (3) 飮 (   )

(4) 昨 (   )   (5) 育 (   )   (6) 邑 (   )

(7) 醫 (   )   (8) 自 (   )   (9) 銀 (   )

(10) 意 (   )   (11) 音 (   )   (12) 者 (   )

3. 다음 漢字의 部首를 쓰세요.

(1) 有 (   )

(2) 邑 (   )

(3) 昨 (   )

4. 다음 漢字의 讀音을 보고 漢字를 쓰시오.

(1) 음식 (   )   (2) 의향 (   )

(3) 명의 (   )   (4) 작년 (   )

> 쓰기 한자

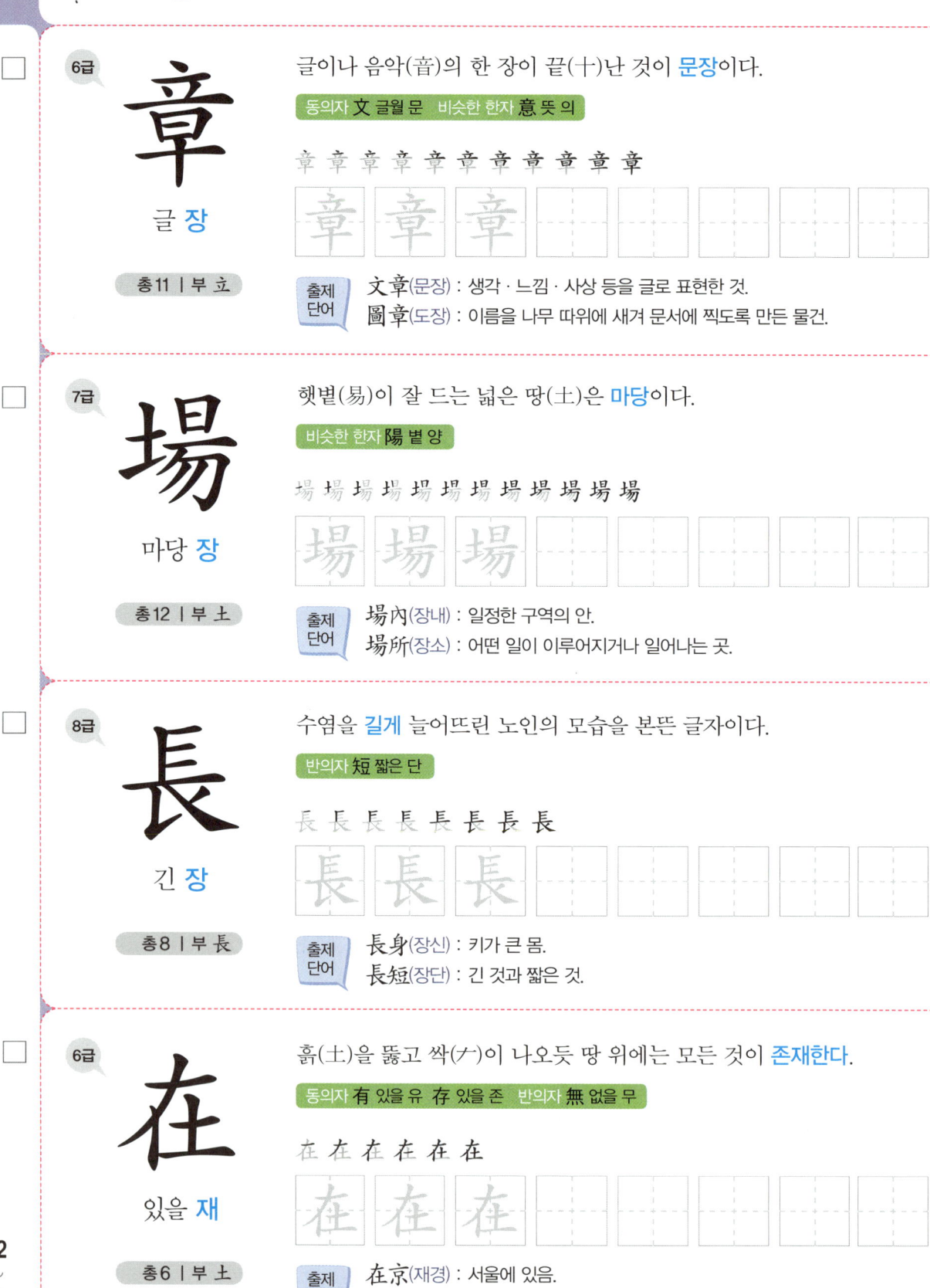

25일 완성 **12**일째

才 재주 재 (6급)
총 3 | 부 才

초목(丿)이 땅(一)에 뿌리(丿)를 내리니 싹이 돋는다.

동의자 技 재주 기 術 재주 술   비슷한 한자 寸 마디 촌

才 才 才

출제단어
才能(재능) : 재주와 능력.
英才(영재) : 뛰어난 재주. 재주를 가진 사람.

戰 싸움 전 (6급)
총 16 | 부 戈

혼자(單)라도 창(戈)을 들고 있으니 **싸우다**.

동의자 爭 다툴 쟁   반의자 和 화할 화

戰 戰 戰 戰 戰 戰 戰 戰 戰 戰 戰 戰

출제단어
戰時(전시) : 전쟁이 벌어진 때.
作戰(작전) : 싸움을 진행하는 방법을 세움.

全 온전 전 (7급)
총 6 | 부 入

흠이 없는 쪽으로 넣는(入) 구슬(王)이니 **온전하다**.

동의자 完 완전할 완   비슷한 한자 金 쇠 금

全 全 全 全 全 全

출제단어
全力(전력) : 모든 힘.
全面(전면) : 어떤 범위의 전체.

前 앞 전 (7급)
총 9 | 부 刂

배(舟)를 그치는(止) 밧줄이니 풀면 **앞**으로 간다.

반의자 後 뒤 후   비슷한 한자 刑 형벌 형

前 前 前 前 前 前 前

출제단어
事前(사전) : 일을 시작하거나 실행하기 전.
前夜(전야) : 어젯밤.

> 쓰기 한자

7급 電
번개 전
총 13 | 부 雨

비(雨)가 올 때 빛처럼 퍼지는(申) 것이 **번개**이다.

비슷한 한자 雷 우뢰 뢰

출제단어
電力(전력) : 전류에 의한 동력.
電流(전류) : 전기의 유통현상.

6급 定
정할 정
총 8 | 부 宀

집(宀)에 규칙이 바르게(正) **정해져야** 한다.

비슷한 한자 宅 집 택

출제단어
計定(계정) : 금액이나 물건의 거래에 관계되는 계산.
定式(정식) : 격식이나 방식을 일정하게 정함.

6급 庭
뜰 정
총 10 | 부 广

조정(廷)과 집(广)이 있는 곳에는 **뜰**이 있다.

출제단어
家庭(가정) : 한 가족이 생활하는 집.
校庭(교정) : 학교의 마당이나 운동장.

7급 正
바를 정
총 5 | 부 止

발(止)을 가지런히 모으고(一) **바르게** 걸어간다.

반의자 反 돌이킬 반 誤 그릇될 오

출제단어
正當(정당) : 바르고 옳음.
正常(정상) : 특별한 변동이 없이 제대로인 상태.

25일 완성 **12**일째

第 차례 제 (6급)
총 11 | 부 竹

글을 쓴 대쪽(竹)을 순서대로 위에서 내리(弟) 엮으니 차례가 있다.

동의자 序 차례 서　秩 차례 질　반의자 弟 아우 제

第第第第第第第第第第第

출제단어
第一(제일) : 여럿 가운데서 첫째가는 것.
落第(낙제) : 진학 또는 진급을 못함.

題 제목·표할 제 (6급)
총 18 | 부 頁

노예의 이마(頁)에는 똑똑히(是) 표시를 한다.

題題題題題題題題題題題題題題題題題題

출제단어
題目(제목) : 작품을 대표하기 위하여 붙이는 이름.
問題(문제) : 해답을 요구하는 물음.

弟 아우 제 (8급)
총 7 | 부 弓

조상할(弔) 때 양쪽에서 지팡이(丿)를 짚고 서 있는 사람이 아우다.

비슷한 한자 第 차례 제

弟弟弟弟弟弟弟

출제단어
弟子(제자) : 스승으로부터 가르침을 받는 사람.
兄弟(형제) : 형과 아우.

朝 아침 조 (6급)
총 12 | 부 月

달(月)이 지고 해가 돋아(卓) 오르니 아침이다.

반의자 夕 저녁 석　비슷한 한자 潮 조수 조

朝朝朝朝朝朝朝朝朝朝

출제단어
朝廷(조정) : 나라의 정치를 의논, 집행하던 곳.
朝會(조회) : 학교나 관청에서 아침에 모든 구성원이 한자리에 모이는 일.

확인학습 12회

1. 다음 漢字語의 讀音을 쓰시오.

(1) 國章 (　　　)　　(2) 英才 (　　　)　　(3) 校庭 (　　　)

(4) 話題 (　　　)　　(5) 王朝 (　　　)　　(6) 同族 (　　　)

2. 다음 漢字의 訓과 音을 쓰시오.

(1) 場 (　　　)　　(2) 全 (　　　)　　(3) 電 (　　　)

(4) 長 (　　　)　　(5) 第 (　　　)　　(6) 朝 (　　　)

(7) 前 (　　　)　　(8) 祖 (　　　)　　(9) 族 (　　　)

(10) 左 (　　　)　　(11) 題 (　　　)　　(12) 正 (　　　)

3. 다음 漢字의 部首를 쓰세요.

(1) 戰 (　　　)

(2) 族 (　　　)

(3) 電 (　　　)

4. 다음 漢字의 讀音을 보고 漢字를 쓰시오.

(1) 현재 (　　　)　　(2) 전차 (　　　)

(3) 안정 (　　　)　　(4) 제일 (　　　)

> 쓰기 한자

6급 畫 낮 주
총 11 | 부 日

붓(聿)으로 하나(一)의 해(日)를 그렸으니 낮이다.
동의자 午 낮 오 반의자 夜 밤 야

畫畫畫畫畫畫畫畫畫畫畫

출제단어
畫間(주간) : 먼동이 터서 해가 지기 전까지의 동안.
白畫(백주) : 대낮.

6급 注 부을 주
총 8 | 부 氵

주인(主)이 물(氵)을 주니 물대다.
비슷한 한자 住 살 주

注注注注注注注注

출제단어
注文(주문) : 제작 또는 송부를 의뢰하는 일.
注入(주입) : 흘러 들어가도록 부어 넣음.

7급 主 임금·주인 주
총 5 | 부 丶

촛대 위의 심지에 불이 켜져 있는 모양을 본뜬 글자이다.
반의자 賓 손 빈 客 손 객

主主主主主

출제단어
主動(주동) : 어떤 일의 주장이 되어 움직임.
主力(주력) : 중심이 되는 힘.

7급 住 살 주
총 7 | 부 亻

등불(主)이 켜 있는 곳은 사람(亻)이 머물러 사는 곳이다.
동의자 居 살 거 비슷한 한자 往 갈 왕

住住住住住住住

출제단어
住民(주민) : 그 땅에 사는 백성.
住居(주거) : 머물러 살음.

25일 완성 **13**일째

重 무거울 중
7급 | 총 9 | 부 里

마을(里) 사람들이 많이(千) 모아 두는 것은 **무겁고** 귀중한 물건이다.

반의자 輕 가벼울 경

重重重重重重重重重

출제단어
- 重用(중용) : 중요한 자리에 임용하는 것.
- 重大(중대) : 매우 중요하게 여김.

中 가운데 중
8급 | 총 4 | 부 丨

물건의 중심을 꿰뚫는 모양의 글자 **가운데**란 뜻이다.

동의자 央 가운데 앙   반의자 邊 가 변

中中中中

출제단어
- 中央(중앙) : 사방의 중심이 되는 한가운데.
- 年中(연중) : 일년 내내.

地 땅 지
7급 | 총 6 | 부 土

땅(土)의 구불구불한 모양을 본뜬(也) 글자이다.

반의자 天 하늘 천

地地地地地地

출제단어
- 土地(토지) : 터. 영토.
- 天地(천지) : 하늘과 땅. 우주.

紙 종이 지
7급 | 총 10 | 부 糸

실(糸)같은 닥나무의 섬유질이 뿌리(氏)처럼 얽혀 **종이**가 된다.

紙紙紙紙紙紙紙紙紙紙

출제단어
- 紙面(지면) : 종이의 표면.
- 表紙(표지) : 책의 겉장.

> 쓰기 한자

7급

直
곧을 직
총 8 | 부 目

숨어도(乚) 여러(十) 곳으로 보니(目) 곧게 보인다.
동의자 貞 곧을 정   반의자 屈 굽을 굴

直 直 直 直 直 直 直 直

출제단어
直角(직각) : 수평선과 수직선이 이루는 각. 즉 90도.
下直(하직) : 먼 길을 떠날 때에 웃어른께 작별을 아룀.

6급

集
모을 집
총 12 | 부 隹

나무(木) 위에 새(隹)들이 모여 앉아 있다.
동의자 會 모일 회   社 모일 사   반의자 散 흩을 산

集 集 集 集 集 集 集 集 集 集 集 集

출제단어
集計(집계) : 이미 된 계산들을 한데 모아서 계산함.
收集(수집) : 거두어 모음.

6급

窓
창 창
총 11 | 부 穴

구멍(穴)을 다(悤) 내었으니 창문이다.
비슷한 한자 密 빽빽할 밀

窓 窓 窓 窓 窓 窓 窓 窓 窓 窓

출제단어
車窓(차창) : 기차나 자동차 따위에 달려 있는 창문.
同窓(동창) : 한 학교에서 공부를 한 사이.

8급

일천 천
총 3 | 부 十

사람(人)의 몸으로 천 단위를 나타낸 데서 일(一)을 그어 일천을 뜻한다.
비슷한 한자 干 방패 간

千 千 千

출제단어
千古(천고) : 영구한 세월.
千字文(천자문) : 모두 1000자로 된 한문학습의 입문서.

25일 완성 **13**일째

天 (하늘 천) — 7급
총 4 | 부 大

사람(大)의 머리 위에 있는 허공(一)은 하늘이다.

동의자 乾 하늘 건　**반의자** 地 땅 지

天 天 天 天

출제단어
天下(천하) : 하늘 아래의 온 세상.
天氣(천기) : 하늘의 기상.

川 (내 천) — 7급
총 3 | 부 川

강물이 흐르는 모양을 나타낸 글자로 내라는 뜻이 있다.

비슷한 한자 州 고을 주

川 川 川

출제단어
山川(산천) : 산과 내를 아울러 이르는 말.
河川(하천) : 강과 시내를 아울러 이르는 말.

淸 (맑을 청) — 6급
총 11 | 부 氵

푸르게(靑) 보이는 물(氵)은 맑은 물이다.

동의자 淡 맑을 담

淸 淸 淸 淸 淸 淸 淸 淸 淸 淸 淸

출제단어
淸算(청산) : 서로의 채무 관계를 셈하여 깨끗이 해결함.
淸純(청순) : 깨끗하고 순수함.

靑 (푸를 청) — 8급
총 8 | 부 靑

초목이 나오면서 붉은(丹)색이지만 자라면서(主) 푸르다.

동의자 綠 푸를 록　**비슷한 한자** 淸 맑을 청

靑 靑 靑 靑 靑 靑 靑 靑

출제단어
靑年(청년) : 청춘기에 있는 젊은 사람.
靑山(청산) : 나무가 무성하여 푸른 산.

> 쓰기 한자   25일 완성 **13**일째

6급 體 몸 체
총 23 | 부 骨

뼈(骨)와 살과 오장(豊)으로 구성된 것이 몸이다.

동의자 身 몸 신   반의자 心 마음 심

體體體體體體體體體體體體體體體體體

출제단어
體能(체능) : 어떤 일을 감당할 만한 몸의 능력.
體育(체육) : 운동을 통하여 신체를 튼튼하게 단련시키는 일.

7급 草 풀 초
총 10 | 부 艹

초봄에 일찍(早) 나온 풀(艹)은 거친 풀이다.

草草草草草草草草草草

출제단어
草木(초목) : 풀과 나무.
草原(초원) : 풀이 난 들.

7급 村 마을 촌
총 7 | 부 木

나무(木)가 조금(寸) 자라고 있는 곳에 사람이 모여 산다는 데서 마을을 의미한다.

동의자 里 마을 리   비슷한 한자 林 수풀 림

村村村村村村村

출제단어
村長(촌장) : 한 마을의 우두머리.
山村(산촌) : 산속에 있는 마을.

8급 寸 마디 촌
총 3 | 부 寸

손목(十)에서 맥박(丶)이 뛰고 있는 곳까지의 길이가 마디이다.

동의자 節 마디 절   반의자 才 재주 재

寸寸寸

출제단어
寸數(촌수) : 친족 간의 멀고 가까운 정도를 나타내는 숫자체계.
一寸(일촌) : 얼마 안 되는 것. 한 마디.

확인학습 13회

1. 다음 漢字語의 讀音을 쓰시오.

(1) 晝間 (　　　)　(2) 文集 (　　　)　(3) 淸算 (　　　)

(4) 重力 (　　　)　(5) 草食 (　　　)　(6) 村老 (　　　)

2. 다음 漢字의 訓과 음을 쓰시오.

(1) 主 (　　　)　(2) 地 (　　　)　(3) 靑 (　　　)

(4) 紙 (　　　)　(5) 寸 (　　　)　(6) 晝 (　　　)

(7) 窓 (　　　)　(8) 村 (　　　)　(9) 體 (　　　)

(10) 重 (　　　)　(11) 直 (　　　)　(12) 川 (　　　)

3. 다음 漢字의 部首를 쓰세요.

(1) 晝 (　　　)

(2) 主 (　　　)

(3) 窓 (　　　)

4. 다음 漢字의 讀音을 보고 漢字를 쓰시오.

(1) 주유 (　　　)　(2) 창문 (　　　)

(3) 체육 (　　　)　(4) 편지 (　　　)

> 쓰기 한자

7급 秋 가을 추 | 총 9 | 부 禾

벼(禾)가 불(火)처럼 뜨거운 햇빛에 익으니 **가을**이다.

비슷한 한자 私 사사로울 사

秋秋秋秋秋秋秋秋秋

출제단어
- 秋收(추수) : 가을에 익은 곡식을 거둬들이는 일.
- 秋夕(추석) : 우리나라 명절의 하나로 음력 8월 보름.

7급 春 봄 춘 | 총 9 | 부 日

햇빛(日)을 받아 새싹이 돋아나니(泰) **봄**이다.

반의자 秋 가을 추

春春春春春春春春春

출제단어
- 春色(춘색) : 봄의 아름다운 빛.
- 靑春(청춘) : 십대 후반에서 이십대에 걸치는 인생의 젊은 나이.

7급 出 날 출 | 총 5 | 부 凵

식물의 싹이 땅 위로 내민 모양을 본뜬 글자로 **나가다**의 뜻을 가진다.

반의자 入 들 입

出出出出出

출제단어
- 出動(출동) : 나가서 행동함.
- 出世(출세) : 숨어 살던 사람이 세상에 나옴.

6급 親 친할 친 | 총 16 | 부 見

서(立)있는 나무(木)를 보살피는(見) 모습이니 **친하다**.

비슷한 한자 視 볼 시

親親親親親親親親親親親親親親親親

출제단어
- 親愛(친애) : 친밀히 사랑함. 또는 그 사랑.
- 母親(모친) : '어머니'를 정중히 이르는 말.

25일 완성 **14**일째

七 일곱 칠
8급 | 총 2 | 부 一

손가락으로 일곱을 나타낸 모양을 본뜬 글자이다.

七 七

출제단어
七旬(칠순) : 70세. 일흔 살까지 산다는 것은 옛날에는 드문 일이라는 뜻.
七夕(칠석) : 음력 7월 7일, 견우와 직녀가 만난다고 하는 날.

太 클 태
6급 | 총 4 | 부 大

큰(大) 것에 점(丶)을 더하니 아주 크다는 뜻이다.

동의자 大 큰 대 巨 클 거   반의자 小 작을 소

太 大 大 太

출제단어
太古(태고) : 아득한 옛날.
太半(태반) : 반수 이상.

土 흙 토
8급 | 총 3 | 부 土

흙 속에서 싹이 나온 것을 본뜬 글자이다.

동의자 地 땅 지

土 土 土

출제단어
黃土(황토) : 누렇고 거무스름한 흙.
本土(본토) : 자기가 사는 고장.

通 통할 통
6급 | 총 11 | 부 辶

뚫려(甬) 있는 길을 가니(辶) 어디로든 통한다.

동의자 徹 통할 철

通 通 通 通 通 通 通 通 通

출제단어
通過(통과) : 통하여 지나가거나 옴.
通行(통행) : 길로 통하여 다님.

> 쓰기 한자

6급 特
특별할 특
총 10 | 부 牛

관청(寺)에서 기르는 숫소(牛)는 몸집이 크고 **특별한** 데가 있다.

비슷한 한자 待 기다릴 대

特 特 特 特 特 特 特 特

출제 단어
特命(특명) : 특별한 명령.
特使(특사) : 특별한 임무를 띠고 파견하는 사절.

8급 八
여덟 팔
총 2 | 부 八

한 개의 막대기를 둘로 나눈 모양을 본뜬 글자이다.

비슷한 한자 入 들 입 人 사람 인

八 八

출제 단어
八景(팔경) : 여덟 가지의 아름다운 경치.
八字(팔자) : 사람의 한 평생의 운수.

7급 便
편할 편 /똥오줌 변
총 9 | 부 亻

사람(亻)이 불편한 곳을 다시(更) 고쳐서 **편하게** 만든다.

동의자 安 편안 안 糞 똥분 비슷한 한자 更 다시 갱

便 便 便 便 便 便 便

출제 단어
便利(편리) : 편하고 이로우며 이용하기 쉬움.
便所(변소) : 대소변을 볼 수 있게 만들어 놓은 곳.

7급 平
평평할 평
총 5 | 부 干

뿌리가 없이 물 위에 떠 있는 물풀의 모양을 본뜬 글자이다.

동의자 均 고를 균

平 平 平 平 平

출제 단어
平民(평민) : 벼슬이 없는 일반민
平等(평등) : 차별이 없이 동등한 등급.

25일 완성 **14**일째

6급 表 겉 표
총 8 | 부 衣

옷(衣)의 털가죽(毛)이 돋은 쪽이 **겉면**이다.

비슷한 한자 衣 옷 의   반의자 裏 속 리

表 表 表 表 表 表 表 表

출제단어
表面(표면) : 바깥 면.
圖表(도표) : 그림으로 그리어 나타낸 표.

6급 風 바람 풍
총 9 | 부 風

모든(凡) 벌레(虫)들은 **바람**에 따라 움직인다.

風 風 風 風 風 風 風 風 風

출제단어
風霜(풍상) : 바람과 서리를 아울러 이르는 말.
風向(풍향) : 바람이 불어오는 방향.

7급 下 아래 하
총 3 | 부 一

평면(一) 밑으로 내려가니(卜) **아래**쪽이다.

반의자 上 위 상

下 下 下

출제단어
以下(이하) : 일정한 한도의 아래.
下落(하락) : 값이나 등급 따위가 떨어짐.

7급 夏 여름 하
총 10 | 부 夊

더워서 머리(頁)와 발(夊)을 드러내니 **여름**이다.

반의자 冬 겨울 동

夏 夏 夏 夏 夏 夏 夏 夏

출제단어
夏服(하복) : 여름 옷.
夏至(하지) : 낮이 가장 길고 밤이 가장 짧은 절기.

확인학습 14회

1. 다음 漢字語의 讀音을 쓰시오.

(1) 太陽 (   )   (2) 表現 (   )   (3) 合計 (   )

(4) 靑春 (   )   (5) 便安 (   )   (6) 漢江 (   )

2. 다음 漢字의 訓과 音을 쓰시오.

(1) 秋 (   )   (2) 通 (   )   (3) 平 (   )

(4) 夏 (   )   (5) 學 (   )   (6) 韓 (   )

(7) 春 (   )   (8) 風 (   )   (9) 合 (   )

(10) 表 (   )   (11) 親 (   )   (12) 漢 (   )

3. 다음 漢字의 部首를 쓰세요.

(1) 風 (   )

(2) 學 (   )

(3) 秋 (   )

4. 다음 漢字의 讀音을 보고 漢字를 쓰시오.

(1) 친분 (   )   (2) 강풍 (   )

(3) 특색 (   )   (4) 교통 (   )

> 쓰기 한자

海 (7급) 바다 해
총 10 | 부 氵

물(氵)이 항상(每) 모이는 곳은 넓고 푸른 **바다**이다.

동의자 洋 큰바다 양   반의자 陸 뭍 륙   비슷한 한자 每 매양 매

海 海 海 海 海 海 海 海 海 海

출제단어
- 海外(해외): 바다 밖의 다른 나라.
- 海風(해풍): 바다에서 육지로 불어오는 바람.

幸 (6급) 다행 행
총 8 | 부 干

마른 땅(土)에 싹이 터 오르니 **다행**이다.

비슷한 한자 辛 매울 신

幸 幸 幸 幸 幸 幸 幸 幸

출제단어
- 幸福(행복): 복된 좋은 운수.
- 不幸(불행): 행복하지 아니함.

行 (6급) 다닐 행 / 항렬 항
총 6 | 부 行

왼발(彳)을 옮기고 오른발(亍)을 옮겨서 걸어 **다닌다**.

비슷한 한자 往 갈 왕   반의자 言 말씀 언

行 行 行 行 行 行

출제단어
- 行動(행동): 몸을 움직여 동작을 하거나 어떤 일을 함.
- 世行(세항): 대대로 정을 쌓아온 같은 또래의 벗.

向 (6급) 향할 향
총 6 | 부 口

집(宀)에 창문(口)을 남쪽을 **향하여** 뚫는다.

비슷한 한자 同 한가지 동

向 向 向 向 向 向

출제단어
- 向方(향방): 향하여 나가는 방향.
- 風向(풍향): 바람이 불어오는 방향.

25일 완성 **15**일째

□ 6급

現
나타날 **현**

총 11 | 부 玉

옥돌(玉)을 갈고 닦으면 얼굴이 보여(見) **나타난다**.

반의자 消 사라질 소   비슷한 한자 規 법 규

現 現 現 現 現 現 現 現 現 現 現

출제단어
現在(현재) : 지금 이때.
表現(표현) : 나타냄.

□ 6급

形
모양 **형**

총 7 | 부 彡

아름다운 선으로 그린 테두리의 모양에서 **모양**, **형태**를 의미한다.

동의자 像 모양 상   樣 모양 양   비슷한 한자 刑 형벌 형

形 形 形 形 形 形 形

출제단어
形象(형상) : 사물의 생긴 모양이나 상태.
形式(형식) : 사물이 외부로 나타나 보이는 모양.

□ 8급

兄
형 **형**

총 5 | 부 儿

어진 말(口)로 동생들의 본이 되는 사람(儿)이 형이다.

동의자 伯 맏 백   반의자 弟 아우 제

兄 兄 兄 兄 兄

출제단어
兄夫(형부) : 언니의 남편.
大兄(대형) : 친구 간에 편지할 때에 벗을 높여 쓰는 말.

□ 6급

號
이름 **호**

총 13 | 부 虍

범(虎)이 으르렁거리니(号) 동료를 **부른다**.

동의자 名 이름 명

號 號 號 號 號 號 號 號 號 號 號

출제단어
號令(호령) : 부하나 동물 따위를 지휘하여 명령함.
番號(번호) : 차례를 나타내기 위해 붙이는 숫자.

> 쓰기 한자

6급 和 화할 화
총8 | 부 口

곡식(禾)으로 식구가 밥을 지어 먹을(口) 때는 **화목하다**.

동의자 睦 화목할 목　반의자 競 다툴 경

和 和 和 和 和 和 和 和

출제단어
和樂(화락) : 화평하고 즐거움.
和答(화답) : 시나 노래에 서로 응하여 대답함.

6급 畫 그림 화 / 그을 획
총12 | 부 田

밭(田)의 경계선(一)을 붓(聿)으로 **그어** 정한다.

동의자 圖 그림 도　비슷한 한자 晝 낮 주

畫 畫 畫 畫 畫 畫 畫 畫 畫 畫

출제단어
畫家(화가) : 그림 그리는 것을 직업으로 하는 사람.
計畫(계획) : 일에 앞서 미리 생각하여 세운 내용.

7급 花 꽃 화
총8 | 부 艹

풀(艹)의 꽃눈이 변화되어(化) **꽃**이 된다.

비슷한 한자 化 될 화

花 花 花 花 花 花 花 花

출제단어
花草(화초) : 꽃이 피는 풀과 나무.
國花(국화) : 나라의 상징으로 삼아 중히 여기는 꽃.

7급 話 말씀 화
총13 | 부 言

혀(舌)를 사용하여 말하는(言) 재주가 있으니 **화술**이 좋다.

비슷한 한자 活 살 활

話 話 話 話 話 話 話 話 話 話

출제단어
話題(화제) : 사람들이 이야기를 나눌 때 대상이 되는 소재.
對話(대화) : 마주 대하여 서로 의견을 주고받으며 이야기하는 것.

25일 완성 **15**일째

☐ 8급

火
불 **화**

총 4 | 부 火

불이 타오르고 있는 모양을 본뜬 글자이다.

반의자 水 물 수

火 火 火 火

출제 단어
火力(화력) : 불의 힘.
火山(화산) : 땅속에 있는 가스가 지표로 분출하여 생긴 구조.

☐ 7급

活
살 **활**

총 9 | 부 氵

혀(舌)로 맛보며 먹고 물(氵)을 마셔야 살 수 있다.

동의자 生 날 생   반의자 死 죽을 사

活 活 活 活 活 活 活 活 活

출제 단어
活動(활동) : 기운차게 움직임.
活力(활력) : 살아 움직이는 힘.

☐ 6급

黃
누를 **황**

총 12 | 부 黃

밭(田)의 곡식이 익어 빛이 변하여 누렇다.

비슷한 한자 寅 범 인

黃 黃 黃 黃 黃 黃 黃 黃 黃 黃 黃

출제 단어
黃色(황색) : 누른 빛.
黃金(황금) : 금이 누른빛을 띤다는 뜻에서 다른 금속과 구별하여 쓰는 말.

☐ 6급

會
모일 **회**

총 13 | 부 曰

사람(人)이 하나(一)의 창으로 말하면(曰) 모이다.

동의자 集 모을 집 社 모일 사   반의자 散 흩을 산

會 會 會 會 會 會 會 會 會 會

출제 단어
會期(회기) : 개회로부터 폐회까지의 기간.
會話(회화) : 서로 만나서 이야기를 나눔.

> 쓰기 한자

25일 완성 **15**일째

7급 孝
효도 효
총 7 | 부 子

늙으신(耂) 부모를 자식(子)이 섬기니 **효도하는** 것이다.

비슷한 한자 老 늙을 로

출제단어
孝道(효도) : 부모를 잘 섬기는 도리.
孝子(효자) : 부모를 잘 섬기는 아들.

7급 後
뒤 후
총 9 | 부 彳

어린이(幺)가 뒤축거리며(彳) 걸으니(夂) **뒤**늦다.

반의자 前 앞 전

출제단어
後光(후광) : 부처의 등 뒤에 있는 둥근 빛.
後門(후문) : 집의 뒤쪽이나 옆으로 난 문.

6급 訓
가르칠 훈
총 10 | 부 言

냇물(川)이 흐르듯이 순리대로 타이르며(言) **가르친다**.

동의자 敎 가르칠 교   반의자 學 배울 학

출제단어
訓令(훈령) : 상급 관청에서 하급 관청을 지휘, 감독하기 위하여 명령을 내림.
家訓(가훈) : 한 집안의 조상이나 어른이 자손들에게 일러 주는 가르침.

7급 休
쉴 휴
총 6 | 부 亻

사람들(亻)이 나무(木) 그늘에 앉아 **쉰다**.

동의자 息 쉴 식

출제단어
休校(휴교) : 학교가 수업을 한동안 쉼.
休日(휴일) : 일을 쉬고 노는 날.

확인학습 15회

1. 다음 漢字語의 讀音을 쓰시오.

(1) 幸運 (   )   (2) 意向 (   )   (3) 信號 (   )

(4) 和合 (   )   (5) 黃金 (   )   (6) 家訓 (   )

2. 다음 漢字의 訓과 音을 쓰시오.

(1) 海 (   )   (2) 形 (   )   (3) 和 (   )

(4) 話 (   )   (5) 孝 (   )   (6) 後 (   )

(7) 休 (   )   (8) 花 (   )   (9) 活 (   )

(10) 黃 (   )   (11) 號 (   )   (12) 行 (   )

3. 다음 漢字의 部首를 쓰세요.

(1) 孝 (   )

(2) 現 (   )

(3) 花 (   )

4. 다음 漢字의 讀音을 보고 漢字를 쓰시오.

(1) 출현 (   )   (2) 동양화 (   )

(3) 사회 (   )   (4) 활동 (   )

> 읽기 한자

5급

加
더할 가

힘(力)든 일을 말(口)로서 도와주니 **더하여** 거들며 돕는 것이다.

- 동의자: 增 더할 증
- 반의자: 減 덜 감

총 5획 부 力   加 加 加 加 加

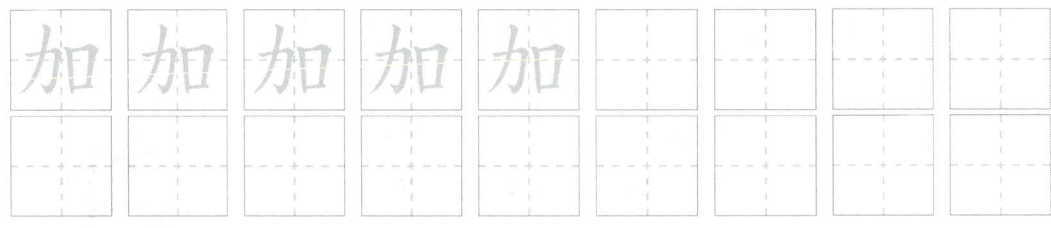

출제 단어
- 加算(가산) : 더하여 셈함. 보탬.
- 代加(대가) : 품계가 오를 사람이 자기 대신 아들이나 사위 등이 품계를 올려 받게 하던 일.

빈칸 채우기
- 이런 몸으로는 경기에 參____(참가)하기 어렵다.
- 불경기가 ____速(가속)되고 있다.

5급

可
옳을 가

굳세게(丁) 말(口)을 하니 **옳은** 말이란 뜻이다.

- 동의자: 義 옳을 의
- 반의자: 否 아닐 부

총 5획 부 口   可 可 可 可 可

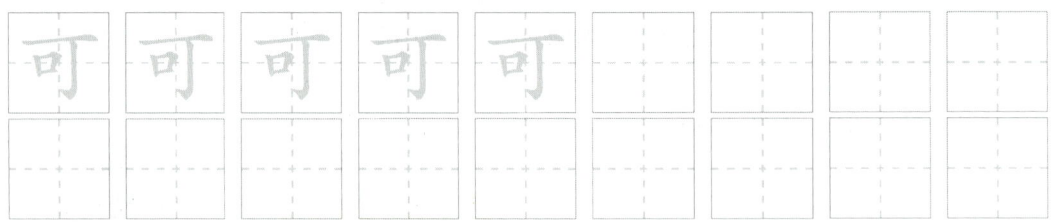

출제 단어
- 可能(가능) : 할 수 있거나 될 수 있음.
- 可信(가신) : 믿을 만함.

빈칸 채우기
- 이 행사에는 누구나 참여가 ____能(가능)하다.
- 이 성적으로는 대학에 들어갈 ____望(가망)이 없다.

25일 완성 **16** 일째

價 값 가 (5급)

상인(亻)은 가치가 있는 상품(貝)을 상자(襾)에 넣어 놓고 값을 정한다.

동의자: 値 값 치

총 15획 부 亻

價 價 價 價 價 價 價 價 價 價

출제단어
- 價格(가격): 화폐로서 나타낸 상품의 교환가치.
- 物價(물가): 물건의 값.

빈칸 채우기
- 物____(물가)가 계속 올라가고 있다.
- 이 제품의 定____(정가)는 2만원이다.

改 고칠 개 (5급)

자기(己)의 잘못을 스스로 쳐서(攵) 바로잡아 고친다.

동의자: 更 고칠 경

총 7획 부 攵

改 改 改 改 改 改 改

출제단어
- 改名(개명): 이름을 고침. 또는 그 이름.
- 改善(개선): 잘못된 점을 고치어 좋게 함.

빈칸 채우기
- 내 성격은 ____善(개선)해야 할 부분이 많다.
- ____名(개명)을 하기 위해서는 법원에서 허락을 맡아야 한다.

> 읽기 한자

5급

客
손 객

집(宀)에 각각(各) 찾아온 사람을 **손님**이라 한다.

동의자 旅나그네 려 賓손 빈
반의자 主주인 주

총 9획 부 宀   客客客客宀宀客客客

客席(객석) : 연극, 영화, 운동 경기 등에서 관객이 앉은 자리.
客地(객지) : 자기 집을 멀리 떠나 임시로 있는 곳.

빈칸 채우기
안개 때문에 旅____機(여객기) 운항이 중지되었다.
____室(객실)은 손님이 머무는 방을 말한다.

5급

去
갈 거

안(ム)에 있는 것을 꺼낼 때 뚜껑(土)을 뜯어 제거하는 것에서 **가다, 떠나다**의 의미다.

동의자 往갈 왕
반의자 來올 래

총 5획 부 ム   去去去去去

출제 단어
去來(거래) : 상인간의 영리를 위한 매매 행위.
過去(과거) : 이미 지나간 때.

빈칸 채우기
過____(과거)는 잊고 미래에 대비하자.
화폐가 없던 시절에는 물건으로 서로 ____來(거래)를 했다.

25일 완성 **16**일째

舉 들 거 (5급)

손(手)으로 힘을 더하니(與) 일으켜 드는 것이다.

비슷한 한자
與 더불 여

총 18획 부 手

舉 舉 舉 舉 舉 舉 舉 舉 舉 舉 舉 舉 舉 舉 舉

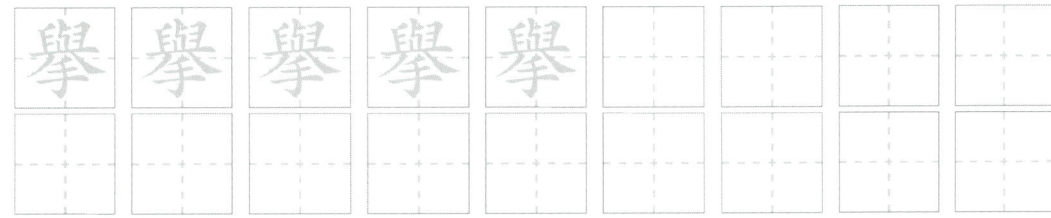

출제 단어
舉動(거동) : 행동하는 짓이나 태도. 몸가짐. 행동거지.
舉手(거수) : 손을 위로 들어 올림. 찬성과 반대 따위의 의사를 나타내는 경우에 쓰임.

빈칸 채우기
우리 할머니는 다리를 다쳐서 ＿＿動(거동)이 불편하시다.
지금부터 졸업식을 ＿＿行(거행)하겠습니다.

件 물건 건 (5급)

사람(亻)에게 소(牛)는 재산이라 잃는 것은 사건이다.

동의자
物 물건 물

비슷한 한자
仕 섬길 사

총 6획 부 亻

件 件 件 件 件 件

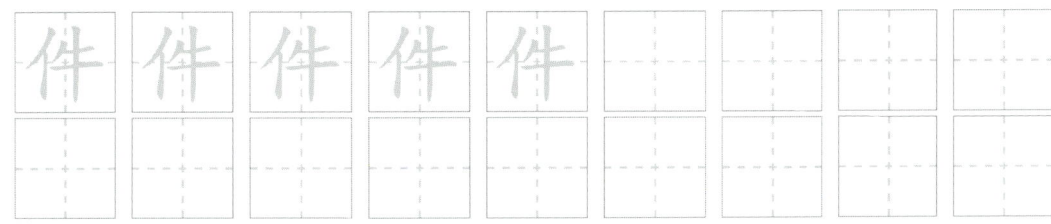

출제 단어
事件(사건) : 관심을 가질 만한 일.
用件(용건) : 볼 일.

빈칸 채우기
세상에는 과학적으로 증명할 수 없는 事＿＿(사건)들이 종종 일어난다.
아무리 사소한 物＿＿(물건)이라도 소중히 다루어야 한다.

> 읽기 한자

☐ 5급

健
굳셀 건

사람(亻)이 똑바로 서있으니(建) 건강한 사람이다.

동의자: 剛 굳셀 강
반의자: 弱 약할 약

총 11획 부 亻

출제 단어
健全(건전) : 튼튼하고 온전함.
健德(건덕) : 건전한 덕.

빈칸 채우기
_____康(건강) 관리는 평소에 하는 것이 좋다.
保_____所(보건소)에서 예방 접종을 실시하고 있다.

☐ 5급

建
세울 건

붓(聿)으로 그어서(廴) 건설할 계획을 세운다.

동의자: 立 설 립
반의자: 崩 무너질 붕

총 9획 부 廴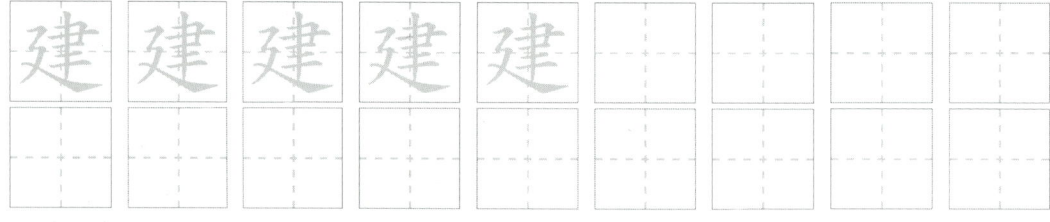

출제 단어
建設(건설) : 새로 만들어 세움.
建物(건물) : 사람이 들어살거나 일을 하거나 물건을 넣어두기 위해 지은 집을 통틀어 이르는 말.

빈칸 채우기
이 _____物(건물)은 조선시대에 세워진 것이다.
홍수 피해를 입은 지역의 再_____(재건)이 한창이다.

25일 완성 **16**일째

5급

格
격식 격

똑바로 자란 나무(木)라는 뜻에서 유래했다.

동의자
式 법 식

총 10획 부 木   格 格 格 格 格 格 格 格 格 格

출제 단어
格式(격식) : 격에 어울리는 법식.
合格(합격) : 시험이나 조건에 맞아서 뽑힘.

빈칸 채우기
나는 덜렁대는 性＿＿＿(성격)이어서 물건을 자주 놓고 다닌다.
이번 시험은 너무 어려워서 合＿＿＿者(합격자)가 많지 않았다.

5급

見
볼 견 / 뵈올 현

어진 사람(儿)은 눈(目)으로 보고 견문을 넓힌다.

동의자
觀 볼 관   看 볼 간   視 볼 시

총 7획 부 見   見 見 見 見 見 見 見

출제 단어
見聞(견문) : 보고 들음. 또는 그 지식. 문견.
見學(견학) : 실제로 보고 배움.

빈칸 채우기
경남 고성에서 공룡의 발자국이 發＿＿＿(발견)되었다.
오늘은 자동차 공장을 ＿＿＿學(견학)하고 왔다.

> 읽기 한자

5급

결단할 **결**

물(氵)을 터놓듯이(夬) 시원하게 **결단한다**.

비슷한 한자
快쾌할 쾌

총 7획 부 氵   決決決決決決決

| 출제 단어 | **決定**(결정) : 마지막으로 작정함. 일의 매듭을 지음.
自決(자결) : 스스로 자기 목숨을 끊음. |

| 빈칸 채우기 | 은송이가 반장선거에 나가기로 ＿＿定(결정)했다.
지금 연말 ＿＿算(결산) 작업으로 바쁘다. |

5급

맺을 **결**

좋은(吉) 실(糸)은 여러 가닥으로 **맺어진** 실이다.

동의자
契맺을 계

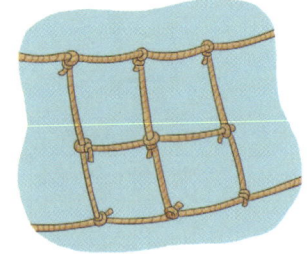

총 12획 부 糸   結結結結結結結結結結

| 출제 단어 | **結果**(결과) : 어떤 원인으로 인하여 이루어진 결말.
團結(단결) : 많은 사람이 한데 뭉침. |

| 빈칸 채우기 | 이번 실험의 ＿＿果(결과)가 어떻게 될지는 아무도 모른다.
늦잠을 자는 바람에 오늘도 ＿＿局(결국) 지각을 했다. |

25일 완성 **16**일째

5급

景
볕·경치 경

아침에 해(日)가 서울(京)에 뜨니 **경치**가 좋다.

동의자: 陽볕 양
비슷한 한자: 影그림자 영

총 12획 부 日   景 景 景 景 景 景 景 景 景 景 景 景

출제 단어
景勝(경승) : 경치가 좋음.
景氣(경기) : 기업을 중심으로 한 여러 가지 경제 사상의 상태.

빈칸 채우기
서울의 夜_____(야경)을 보기 위해 남산에 올라갔다.
제주도의 빼어난 자연 _____觀(경관)에 입을 다물지 못했다.

5급

競
다툴 경

마주 서서(立) 서로 형(兄)이라고 잘났다고 **다툰다**.

동의자: 爭다툴 쟁
반의자: 和화할 화
비슷한 한자: 兢삼갈 긍

총 20획 부 立   競 競 競 競 競 競 競 競 競 競 競 競 競 競 競

출제 단어
競技(경기) : 기술이나 능력을 겨룸. 운동경기의 약칭.
競合(경합) : 둘이상의 사람이나 단체 등이 거의 비등하게 서로 실력을 겨루는 것.

빈칸 채우기
이번 _____技(경기)에서 교체가 가능한 인원은 3명이다.
이번 어린이날에는 가족들과 _____馬場(경마장)에 갈 예정이다.

> 읽기 한자

☐ 5급

輕
가벼울 경

물줄기(巠)처럼 수레(車)는 **가볍게** 굴러간다.

반의자: 重무거울 중
비슷한 한자: 經지날 경

총 14획 부 車   輕 輕 輕 輕 輕 輕 輕 輕 輕 輕

출제단어
輕音樂(경음악) : 대중성을 띤 가벼운 음악.
輕快(경쾌) : 가뿐하고 상쾌함.

빈칸채우기
석유를 이용해 ＿＿＿油(경유)와 휘발유 같은 제품을 만들 수 있다.
우리와 피부색이 다르다는 이유로 외국인을 ＿＿＿視(경시)해서는 안 된다.

☐ 5급

敬
공경 경

진실한(苟) 매질은(攵) **공경**의 대상이다.

동의자: 恭공손할 공
비슷한 한자: 驚놀랄 경

총 13획 부 攵   敬 敬 敬 敬 敬 敬 敬 敬 敬 敬

출제단어
敬老(경로) : 노인을 공경함.
敬意(경의) : 존경하는 마음.

빈칸채우기
웃어른에게는 ＿＿＿語(경어)를 사용해야 한다.
옛날 유럽에서는 ＿＿＿意(경의)를 나타내기 위해 상대방의 손등에 키스를 했다.

25일 완성 **16**일째

固 굳을 고 (5급)

예부터(古) 사방을 둘러싸며(口) 굳게 지킨다는 뜻으로 **굳다**를 의미한다.

동의자: 堅굳을 견 硬굳을 경
반의자: 軟연할 연

총 8획 부 口   固 固 固 固 固 固 固 固

출제 단어
固有(고유) : 본디부터 가지고 있음.
固定(고정) : 한 곳에 움직이지 않게 붙박는 것.

빈칸 채우기
모든 물건에는 ____有(고유)의 이름이 있다.
유명 연예인이 지나가자 주변 사람들의 시선이 ____定(고정)되었다.

考 생각할 고 (5급)

사람은 늙을수록(老) **생각**이 깊어진다.

동의자: 思생각 사 念생각 념 想생각 상

총 6획 부 耂   考 考 考 考 考 考

출제 단어
考定(고정) : 생각하여 정함.
思考(사고) : 생각하고 궁리함.

빈칸 채우기
시험에 參____(참고)할 만한 책을 사기 위해 서점에 갔다.
이 상품은 올바른 자세를 잡기 위해 ____案(고안)되었다.

확인학습 16회

1. 다음 漢字語의 讀音을 쓰시오.

(1) 價格 (　　　)　　(2) 選擧 (　　　)　　(3) 性格 (　　　)

(4) 結果 (　　　)　　(5) 競爭 (　　　)　　(6) 思考 (　　　)

2. 다음 漢字의 訓과 音을 쓰시오.

(1) 加 (　　　)　　(2) 改 (　　　)　　(3) 客 (　　　)

(4) 健 (　　　)　　(5) 格 (　　　)　　(6) 決 (　　　)

(7) 景 (　　　)　　(8) 輕 (　　　)　　(9) 固 (　　　)

(10) 考 (　　　)　　(11) 競 (　　　)　　(12) 件 (　　　)

3. 다음 漢字의 部首를 쓰세요.

(1) 改 (　　　)

(2) 結 (　　　)

(3) 考 (　　　)

4. 다음 漢字의 讀音을 보고 漢字를 쓰시오.

(1) 과거 (　　　)　　(2) 건국 (　　　)

(3) 경로 (　　　)　　(4) 야경 (　　　)

> 읽기 한자

25일 완성 **17**일째

告 고할 고 5급

소(牛)를 제물로 바쳐 신에게 소원을 말한다(口)는 뜻이다.

동의자 報알릴 보   **비슷한 한자** 浩클 호

총 7획 부 口   告 告 告 告 告 告 告

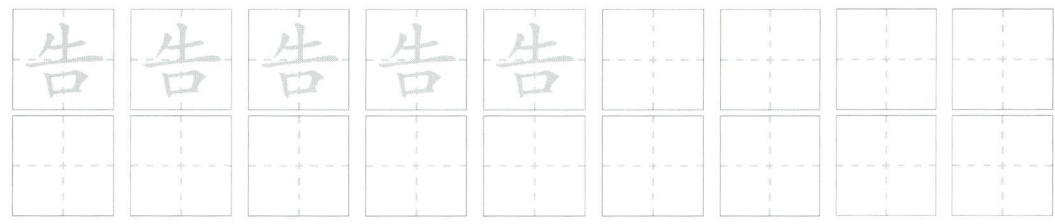

출제단어
告白(고백) : 숨김없이 솔직하게 말함.
論考(논고) : 고증하여 밝힘.

빈칸채우기
범인은 경찰서에서 자신의 잘못을 ____白(고백)했다.
廣____(광고)는 상품을 판매하기 위한 중요한 수단이다.

曲 굽을 곡 5급

대나무나 싸리로 만든 바구니 모양의 굽은 모양을 본뜬 글자이다.

동의자 屈굽을 굴   **반의자** 直곧을 직

총 6획 부 曰

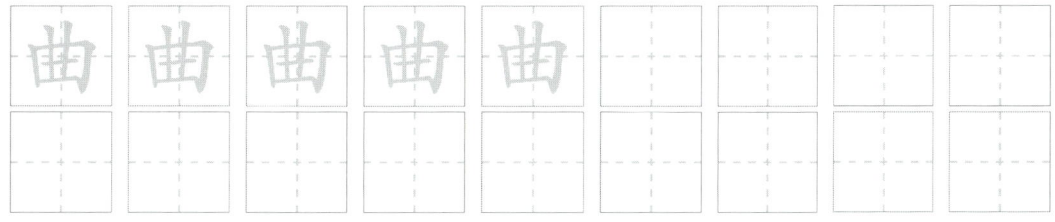

출제단어
反曲(반곡) : 뒤로 또는 반대쪽으로 고부라짐.
作曲(작곡) : 악곡을 창작함. 또는 그 악곡.

빈칸채우기
방망이에 맞은 공은 ____線(곡선)을 그리며 날아갔다.
이번 장기자랑에서 우리 반은 歌____(가곡)을 부를 예정이다.

> 읽기 한자

☐ 5급

課

공부할·과정 과

말한(言) 것이 결실(果)을 맺기 위한 과정이다.

총 15획 부 言   課課課課課課課課課課課課課課課

| 출제 단어 | 課業(과업) : 일을 부과함. 또는 부과된 일이나 학업.
課外(과외) : 정해진 과정 이외에 하는 공부. |

| 빈칸 채우기 | 남북통일은 우리나라의 ＿＿題(과제)이다.
방학 동안의 日＿＿(일과)를 적어서 실천을 하고 있다. |

☐ 5급

過

지날 과

가는(辶) 길이 삐뚤어지는(咼) 것은 허물이 된다.

비슷한 한자 禍재앙 화
동의자 去갈 거

총 13획 부 辶   過過過過過過過過過過過過過

| 출제 단어 | 過多(과다) : 너무 많음.
經過(경과) : 때의 지나감. 일을 겪음. |

| 빈칸 채우기 | 나는 ＿＿去(과거)에 학교 선생님을 한 적이 있다.
자동차의 ＿＿速(과속)으로 인한 사고가 매년 늘어나고 있다. |

25일 완성 **17**일째

觀 볼 관 (5급)

풀밭에서 새(雚)가 먹이를 보고(見) 찾는 모양이다.

동의자: 見 볼 견　視 볼 시
비슷한 한자: 權 권할 권

총 25획　부 見

출제 단어
觀客(관객) : 구경하는 사람. 관람객.
美觀(미관) : 아름다워서 볼만한 경치.

빈칸 채우기
우리 가족은 매년 ＿＿＿光(관광)을 하기 위해 해외로 나간다.
공연이 끝나자 모든 ＿＿＿客(관객)들이 일어나 박수를 쳤다.

關 관계할 관 (5급)

문(門)에서 실(絲) 모양으로 꼬아 지른 것이 빗장이다.

비슷한 한자: 開 열 개

총 19획　부 門

출제 단어
關心(관심) : 어떤 것에 끌리는 마음.
所關(소관) : 관계되는 바.

빈칸 채우기
지금은 불우이웃에 대한 ＿＿＿心(관심)이 어느 때보다 필요하다.
그 일은 나와는 無＿＿＿(무관)한 일입니다.

> 읽기 한자

5급

廣
넓을 **광**

곡식이 누렇게(黃) 덮인 곳(广)이 **넓은** 들이다.

반의자	비슷한 한자
狹 좁을 협	黃 누를 황

총 15획 부 广   廣廣廣廣廣廣廣廣廣廣廣廣廣廣廣

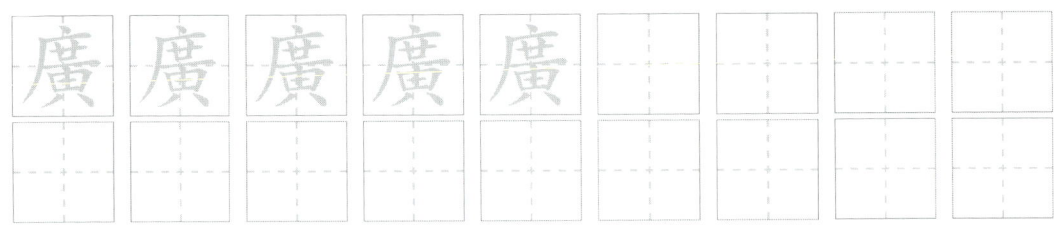

출제 단어
廣告(광고) : 널리 알림.
廣場(광장) : 너른 마당. 너른 빈 터.

빈칸 채우기
축구 경기를 보기 위해 아침부터 서울 ____場(광장)에 많은 사람들이 모여들었다.
이번 공익 ____告(광고)의 주제는 질서입니다.

5급

橋
다리 **교**

나무(木)를 높이(喬) 세워 **다리**를 만든다.

비슷한 한자	동의자
稿 원고 고	梁 들보 량

총 16획 부 木   橋橋橋橋橋橋橋橋橋橋橋橋橋橋橋橋

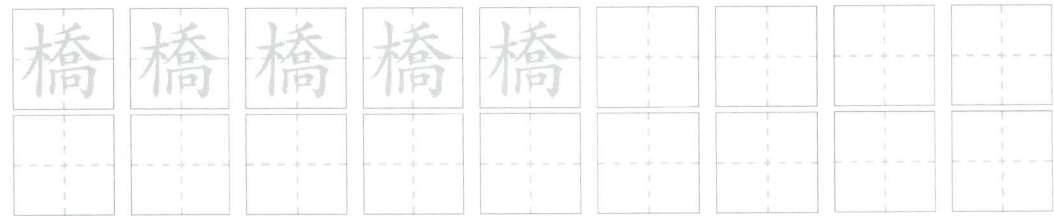

출제 단어
命橋(명교) : 신을 모신 상 앞에 발원하는 사람의 생년월일을 써서 매다는 모시나 무명.
大橋(대교) : 큰 다리.

빈칸 채우기
인천大____(대교)는 우리나라에서 가장 크고 긴 다리이다.
道路____(도로교)는 도로를 연결하기 위해 놓는 다리이다.

25일 완성 **17**일째

5급

救
구원할 구

힘을 써서(攵) 구하니(求) **구원해서** 도움을 준다.

- 동의자: 護도울 호
- 비슷한 한자: 求구할 구

총 11획 부 攵   救 救 救 救 救 救 救 救 救 救

출제단어
- 救國(구국) : 나라를 위기에서 건짐.
- 自救(자구) : 스스로를 구함.

빈칸 채우기
- 갑자기 쏟아진 폭우로 마을에 갇힌 사람들이 _____助(구조)를 기다리고 있다.
- 사고가 나면 _____急(구급) 대원들이 출동해 사람들을 _____出(구출)한다.

5급

具
갖출 구

돈(貝)을 받쳐 들어 다 살 수 있으니 **갖추다**.

- 동의자: 備갖출 비
- 비슷한 한자: 其그 기

총 8획 부 八   具 具 具 具 具 具 具 具

출제단어
- 具現(구현) : 구체적으로 나타냄.
- 道具(도구) : 일에 쓰이는 여러 가지 연장. 제구.

빈칸 채우기
- 우리 집 家_____(가구)는 너무 낡아서 문이 제대로 닫히지 않는다.
- 어떤 동물들은 먹이 사냥을 위해 道_____(도구)를 이용한다.

> 읽기 한자

5급

舊
예 구

새(隹)가 풀잎(卄)으로 절구통(臼) 같이 집을 짓는 것은 **옛** 부터다.

동의자: 古 예 고
반의자: 新 새 신

총 18획 부 臼

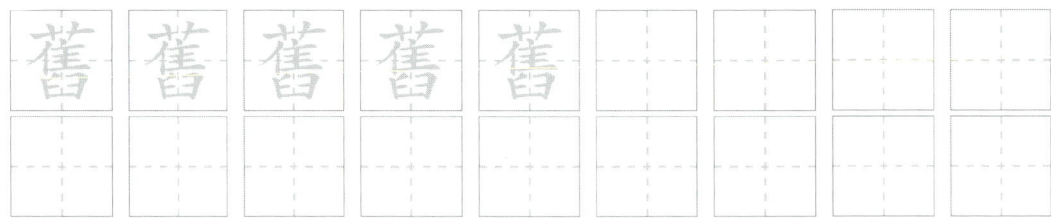

출제단어
舊面(구면) : 안지 오래된 얼굴.
舊式(구식) : 옛 양식이나 방식.

빈칸채우기
요즘은 컴퓨터를 구입한 지 3년 정도 지나면 ___式(구식)이 된다.
___正(구정)에 고향에 내려갈 생각을 하니 벌써부터 가슴이 설렌다.

5급

局
판 국

집(尸)에 창(句)을 낸 것도 집의 일**부분**이다.

비슷한 한자: 居 살 거

총 7획 부 尸

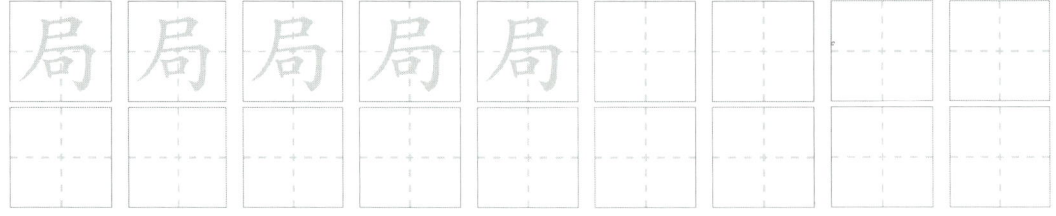

출제단어
局面(국면) : 일이 되어 나가는 상태 또는 그 장면.
結局(결국) : 일의 끝장.

빈칸채우기
요즘은 처방전이 없으면 藥___(약국)에서 약을 조제할 수 없다.
結___(결국) 그 사건의 범인은 밝혀지지 않았다.

25일 완성 **17**일째

☐ 5급

貴
귀할 귀

재물(貝)을 쌓아 놓고 사는 사람은 신분이 **귀하다**.

반의자 賤천할 천

비슷한 한자 責꾸짖을 책

총 12획 부 貝 貴 貴 貴 貴 貴 貴 貴 貴 貴 貴 貴

貴 貴 貴 貴 貴

출제 단어
貴族(귀족) : 신분이 높고 가문이 좋은 사람.
貴重(귀중) : 매우 소중함.

빈칸 채우기
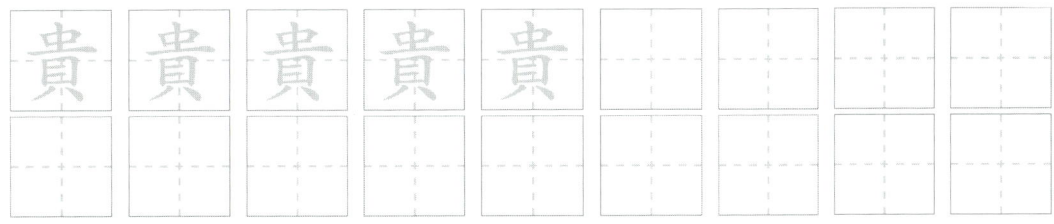
조선시대 가옥에서 당시 생활상을 알 수 있는 ＿＿＿重(귀중)한 자료가 발견되었다.
高＿＿＿(고귀)한 생명을 함부로 하는 행위는 결코 용서할 수 없다.

☐ 5급

規
법 규

지아비(夫)가 행동으로 보여 주는(見) 것이 **규범**이다.

동의자 式법 식 法법 법

비슷한 한자 現나타날 현

총 11획 부 見 規 規 規 規 規 規 規 規 規 規 規

規 規 規 規 規

출제 단어
規格(규격) : 일정한 표준.
半規(반규) : 둥근 형상의 반쪽.

빈칸 채우기
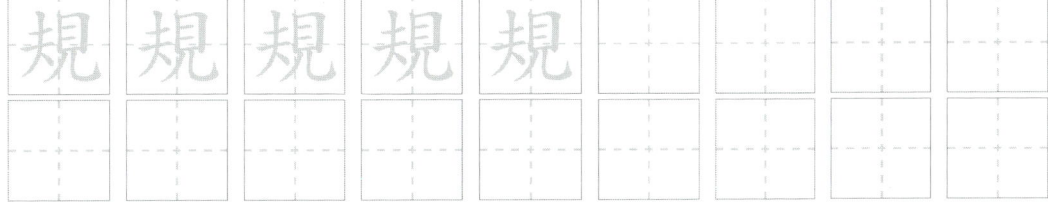
학교에는 지켜야 할 ＿＿＿定(규정)이 있다.
운전을 할 때는 교통 法＿＿＿(법규)를 잘 지켜야 한다.

> 읽기 한자

5급

줄 **급**

짧은 실(糸)도 이어(合) 넉넉하게 **준다**.

동의자

授 줄 수 贈 줄 증 與 줄 여

총 12획 부 糸 給 給 給 給 給 給 給 給 給 給

給	給	給	給	給					

출제 단어

給料(급료) : 일급, 월급 따위 봉급.
給食(급식) : 학교나 공장 등에서 아동이나 종업원에게 끼니 음식을 주는 일.

빈칸 채우기

우리 학교는 ＿＿＿食(급식)이 무료이다.
학생증을 잃어버려서 다시 發＿＿＿(발급)받았다.

5급

재주 **기**

여러 가지(支) 손(扌)재주가 있는 것이 **기술**이다.

동의자

才 재주 재 藝 재주 예 術 재주 술

총 7획 부 扌 技 技 技 技 技 技 技

技	技	技	技	技					

출제 단어

技能(기능) : 손재주. 기술상의 재능.
特技(특기) : 다른 사람에게는 없는 특별한 기술.

빈칸 채우기

내 特＿＿＿(특기)는 축구이다.
새 핸드폰에는 다양한 ＿＿＿能(기능)이 있다.

25일 완성 **17**일째

期 기약할 기 (5급)

달(月)이 그(其) 자리에 돌아올 때니 기약하다.

동의자 約맺을 약
비슷한 한자 其그 기

총 12획 부 月

期 期 期 期 期 期 期 期 期 期

출제 단어
- 期間(기간) : 정해진 시기에서 다른 정해진 시기를 이르는 동안.
- 學期(학기) : 한 학년 동안을 규정에 따라 나눈 수업 기간.

빈칸 채우기
- 이번에는 시험 ____間(기간) 내내 감기에 걸려 성적이 떨어질 것 같다.
- 우리나라는 學____(학기)가 3월에 시작된다.

汽 물 끓는 김 기 (5급)

물(氵)에서 구름기운(气)같은 것이 김이다.

비슷한 한자 氣기운 기

총 7획 부 氵

汽 汽 汽 汽 汽 汽 汽

출제 단어
- 汽船(기선) : 물을 끓인 증기의 힘으로 움직이는 배.
- 汽車(기차) : 증기의 힘으로 움직이는 기차.

빈칸 채우기
- ____車(기차) 여행은 언제나 기분이 좋다.
- 증기의 힘으로 움직이는 ____船(기선)은 1807년에 미국의 풀턴이 발명했다.

> 읽기 한자

25일 완성 **17**일째

5급

基
터 기

그(其) 많은 흙(土)으로 터의 기초를 튼튼히 한다.

비슷한 한자
墓 무덤 묘

총 11획 부 土

출제 단어
基本(기본) : 사물의 기초와 근본.
基地(기지) : 군대의 보급, 수송, 통신, 항공 등의 기점이 되는 곳.

빈칸 채우기
어떤 일이든 ____本(기본)에 충실해야 한다.
이번에 모은 돈은 홍수 피해를 입은 사람들을 위한 ____金(기금)으로 사용할 예정이다.

5급

己
몸 기

사람이 무릎을 꿇고 조용히 앉아 있는 모습을 본뜬 글자이다.

동의자
身 몸 신

비슷한 한자
已 이미 이   巳 뱀 사

총 3획 부 己

출제 단어
自己(자기) : 그 사람 자신.
知己(지기) : 자기의 속마음을 지극하고 참되게 알아줌.

빈칸 채우기
우리 아이들은 自____(자기) 일에 항상 최선을 다한다.
利____的(이기적)인 사람일수록 다른 사람과 쉽게 친해지기 어렵다.

확인학습 17회

1. 다음 漢字語의 讀音을 쓰시오.

(1) 廣告 (   )   (2) 通過 (   )   (3) 關節 (   )

(4) 家具 (   )   (5) 規則 (   )   (6) 期間 (   )

2. 다음 漢字의 訓과 音을 쓰시오.

(1) 曲 (   )   (2) 觀 (   )   (3) 橋 (   )

(4) 救 (   )   (5) 舊 (   )   (6) 貴 (   )

(7) 給 (   )   (8) 汽 (   )   (9) 基 (   )

(10) 己 (   )   (11) 課 (   )   (12) 規 (   )

3. 다음 漢字의 部首를 쓰세요.

(1) 橋 (   )

(2) 汽 (   )

(3) 救 (   )

4. 다음 漢字의 讀音을 보고 漢字를 쓰시오.

(1) 과제 (   )   (2) 광야 (   )

(3) 약국 (   )   (4) 특기 (   )

> 읽기 한자

☐ 5급

길할 **길**

선비(士)의 말(口)은 착하고 **좋은** 말이다.

반의자
凶흉할 흉

총 6획 부口 吉 吉 吉 吉 吉 吉

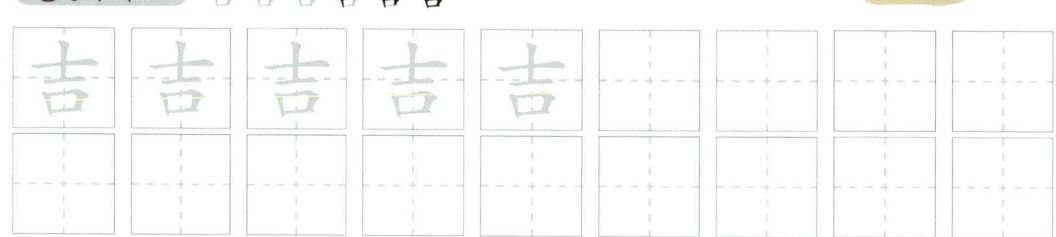

출제 단어
吉年(길년) : 혼인하는 데 그 당사자의 나이에 대해서 좋은 해.
大吉(대길) : 크게 길함. 썩 좋음.

빈칸 채우기
_____ 日(길일)을 택해 결혼식 날을 잡았다.
비오는 밤에 골목길을 지날 때면 不_____(불길)한 느낌이 든다.

☐ 5급

생각 **념**

지금(今) 마음(心) 속에 간직한 **생각**은 신념이다.

동의자
思생각 사   想생각 상   慮생각할 려

총 8획 부心 念 念 念 念 念 念 念 念

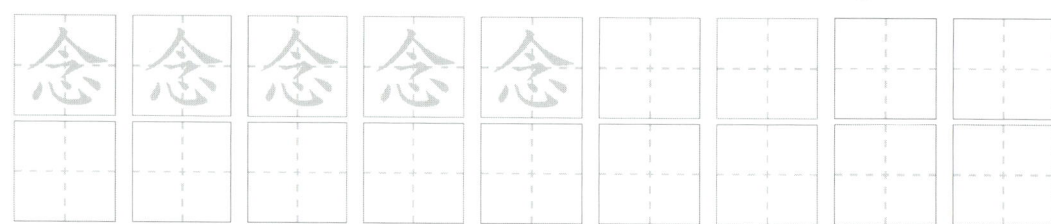

출제 단어
觀念(관념) : 눈을 감고 마음을 가라앉히고 깊이 생각하는 일.
信念(신념) : 변하지 않은 굳은 생각.

빈칸 채우기
일등한 記_____(기념)으로 아버지가 소고기를 사 주셨다.
어려운 시기를 강한 信_____(신념)으로 극복했다.

25일 완성 **18**일째

5급 能 능할 능

꼬리를 들고 커다랗게 입을 벌린 곰의 모양을 본뜬 글자이다.

비슷한 한자 態 모습 태

총 10획 부 月   能 能 能 能 能 能 能 能 能 能

출제단어
能通(능통) : 통달하는 일.
萬能(만능) : 온갖 것에 다 능통함.

빈칸 채우기
요즘 시대는 ____力(능력)이 있어야 대우를 받는다.
입장은 오전 9시부터 可____(가능)합니다.

5급 壇 단 단

흙(土)을 높이(亶) 쌓아 올린 것은 제사 지내는 단이다.

비슷한 한자 檀 박달나무 단

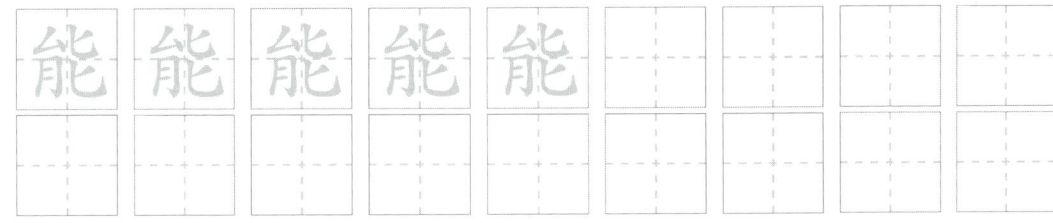

총 16획 부 土   壇 壇 壇 壇 壇 壇 壇 壇 壇 壇 壇 壇

출제단어
教壇(교단) : 교실에서 교사가 강의하는 단.
花壇(화단) : 뜰 한쪽에 조금 높게 하여 꽃을 심기 위해 꾸며 놓은 터, 꽃밭.

빈칸 채우기
교장 선생님이 ____上(단상) 위에서 훈화를 하고 있다.
우리 집은 베란다를 花____(화단)으로 꾸몄다.

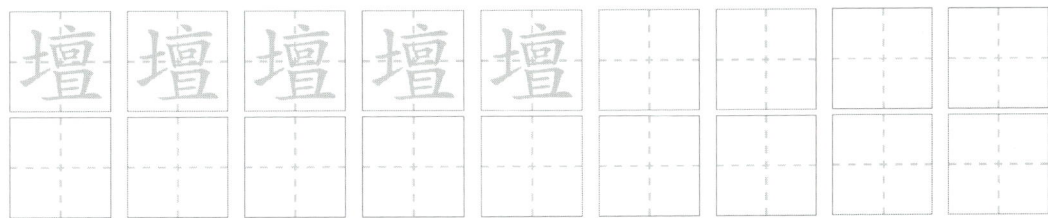

> 읽기 한자

☐ 5급

둥글 **단**

오로지(專) 담으로 에워싼(口) 것처럼 굳은 **모임**이다.

동의자
圓 둥글 원

비슷한 한자
園 동산 원

총 14획 부口 團 團 團 團 團 團 團 團 團 團 團 團 團 團

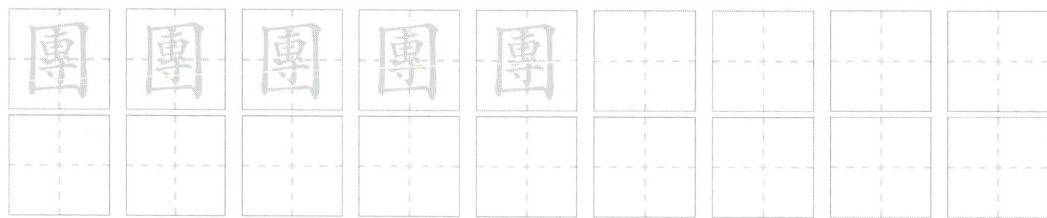

출제 단어
團員(단원) : 단체의 구성원.
團體(단체) : 공동의 목적을 달성하기 위하여 의식적으로 결합한 집단.

빈칸 채우기
아파트 ____ 地(단지) 내에 주차 공간이 부족해서 불편하다.
우리 ____ 體(단체)는 주말마다 고아원을 방문해 도움을 줍니다.

☐ 5급

말씀 **담**

화롯가(炎)에 둘러앉아 **이야기**(言)를 나눈다.

동의자
話 말씀 화   言 말씀 언

총 15획 부言 談 談 談 談 談 談 談 談 談 談 談 談 談 談 談

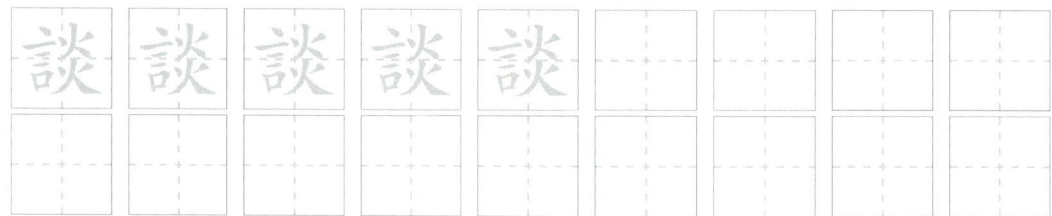

출제 단어
談話(담화) : 이야기.
面談(면담) : 서로 만나서 이야기를 나눔.

빈칸 채우기
선생님과 面____(면담)하는 것은 언제나 힘들다.
귀가 아파서 의사 선생님께 相____(상담)을 받았다.

25일 완성 **18**일째

5급 當 마땅 당

밭(田)은 높은(尚) 지대에 있는 것이 **마땅한** 이치이다.

비슷한 한자
堂 집 당

총 13획 부 田   當當當當當當當當當當當當當

출제 단어
當然(당연) : 도리상 마땅히 해야 할 일.
當直(당직) : 근무하는 곳에서 숙직, 일직 등의 차례가 됨.

빈칸 채우기
집에 불이 났을 ＿＿＿時(당시)에는 아무런 생각이 나지 않았다.
모든 승부는 正＿＿＿(정당)하게 해야 한다.

5급 德 큰·덕 덕

양심(心)대로 행동하는(行) 곧은(直) 사람이 **덕**이 있는 사람이다.

총 15획 부 彳   德德德德德德德德德德德德德德德

출제 단어
德談(덕담) : 다른 사람이 잘되기를 비는 말.
美德(미덕) : 아름다운 덕성.

빈칸 채우기
세배를 한 다음에는 ＿＿＿談(덕담)보다 세뱃돈에 더 관심이 간다.
우리 부모님은 겸손을 최고의 美＿＿＿(미덕)으로 삼고 있다.

> 읽기 한자

5급

島 섬 도

새(鳥)가 날아가다 쉬는 산(山)은 섬이다.

동의자
鳥 새 조   烏 까마귀 오

총 10획 부 山   島 島 島 島 島 島 島 島 島 島

島 島 島 島 島

- 출제 단어
  - 半島(반도) : 한 쪽만 대륙에 연결되고 삼면이 바다에 둘러싸인 육지.
  - 島民(도민) : 섬에 사는 사람.

- 빈칸 채우기
  - 일본이 아무리 자기 땅이라고 우겨도 獨____(독도)는 우리나라 땅이다.
  - 우리나라는 삼면이 바다이기 때문에 韓半____(한반도)라고 부른다.

5급

都 도읍 도

사람들(者)이 많이 모여 사는 고을(阝)은 도읍이다.

비슷한 한자
者 놈 자

총 12획 부 阝   都 都 都 都 都 都 都 者 者 都 都

都 都 都 都 都

- 출제 단어
  - 都邑(도읍) : 서울.
  - 古都(고도) : 옛날의 도읍.

- 빈칸 채우기
  - ____市(도시)는 시골보다 공기가 나쁘다.
  - 우리나라의 首____(수도)는 서울이다.

25일 완성 **18**일째

到 이를 도 (5급)

칼(刂)을 지니고 위험한 곳을 지나(至) 목적지에 **이른다**.

동의자: 至 이를 지
비슷한 한자: 倒 넘어질 도

총 8획 부 刂

출제 단어
到記(도기) : 조선시대에 모임에 모인 사람들의 이름을 적어 놓은 장부.
到來(도래) : 이르러서 옴. 닥쳐 옴.

빈칸 채우기
집에 ____着(도착)하자마자 컴퓨터부터 켰다.
1990년대부터 본격적인 인터넷 시대가 ____來(도래)했다.

獨 홀로 독 (5급)

개(犭)와 큰 닭(蜀)은 같이 두면 싸우므로 **홀로** 둔다.

동의자: 孤 외로울 고
반의자: 衆 무리 중, 群 무리 군

총 16획 부 犭

출제 단어
獨立(독립) : 혼자의 힘으로 섬.
獨房(독방) : 혼자서 거처하는 방.

빈칸 채우기
우리나라의 ____立(독립)을 위해 많은 위인들이 목숨을 바쳤다.
우리 삼촌은 마흔 살이 다 되도록 아직 ____身(독신)이다.

> 읽기 한자

5급

落
떨어질 락

풀(艹)잎에 이슬이 물방울(洛)이 되어 **떨어진다**.

반의자
騰 오를 등

총 13획 부 艹   落落落落落落落落落落落落落

| 출제 단어 | 開落(개락) : 꽃이 피고 떨어짐.
落望(낙망) : 희망이 없어짐. |

| 빈칸 채우기 | 가을이 되면 떨어지는 ＿葉(낙엽)만 봐도 슬프다.
불경기인데도 물가는 좀처럼 下＿(하락)하지 않는다. |

5급

朗
밝을 랑

달(月)처럼 밝은(良) 마음을 **명랑하다** 한다.

동의자 明 밝을 명
반의자 暗 어두울 암
비슷한 한자 郎 사내 랑

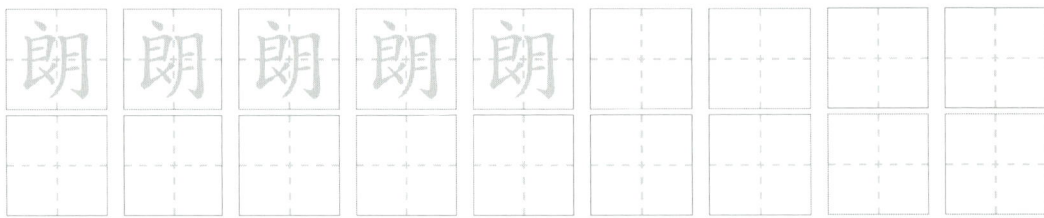

총 11획 부 月   朗朗朗朗朗朗朗朗朗朗朗

| 출제 단어 | 朗朗(낭랑) : 소리가 명랑한 모습, 빛이 매우 밝음.
明朗(명랑) : 밝고 쾌활함. |

| 빈칸 채우기 | 선생님이 明＿(명랑)하게 웃으며 인사했다.
신라시대의 花＿(화랑)은 청소년들의 수양 단체였다. |

25일 완성 **18** 일째

☐ 5급 **冷** 찰 **랭**

얼음(冫)같은 명령(令)은 **차다**.

동의자 寒찰 한
반의자 凉서늘할 량 溫따뜻할 온

총 7획 부 冫   冷冷冷冷冷冷冷

출제단어
冷待(냉대) : 쌀쌀하게 대접함.
冷情(냉정) : 따뜻한 정이 없고 쌀쌀한 마음.

빈칸채우기
寒____(한랭)한 겨울바람이 옷 속을 파고들었다.
잡은 물고기는 急____(급랭)해서 보관해야 한다.

☐ 5급 **量** 헤아릴 **량**

마을(里) 사람을 모아서(一) 말(曰)을 하니 그 뜻을 **헤아리다**.

동의자 料헤아릴 료
비슷한 한자 重무거울 중

총 12획 부 里   量量量量量量量量量量量

출제단어
分量(분량) : 수효, 무게의 많고 적음이나 부피의 크고 작은 정도.
數量(수량) : 수효와 분량.

빈칸채우기
값비싼 물건이니만큼 數____(수량)을 정확하게 파악해야 한다.
이 음식을 맛있게 만들기 위해서는 소금의 分____(분량)을 잘 조절해야 합니다.

> 읽기 한자

5급

良
어질 량

곡식의 낱알을 바람을 부쳐 고르는 풍구를 본뜬 글자이다.

동의자
賢어질 현 仁어질 인

총 7획 부 艮   良 良 良 良 良 良 良

출제 단어
良書(양서) : 좋은 책. 훌륭한 책.
良好(양호) : 주로 질적인 면에서 대단히 좋음.

빈칸 채우기
시험 시간에 부정행위를 하고 나서 ＿＿＿心(양심)에 가책을 느꼈다.
善＿＿＿(선량)한 시민이 도둑으로 몰려 억울한 옥살이를 했다.

5급

旅
나그네 려

깃발 아래 많은 사람(氏)들이 열을 지어 가니 여행이다.

동의자
賓손 빈

총 10획 부 方   旅 旅 旅 旅 旅 旅 旅 旅 旅 旅

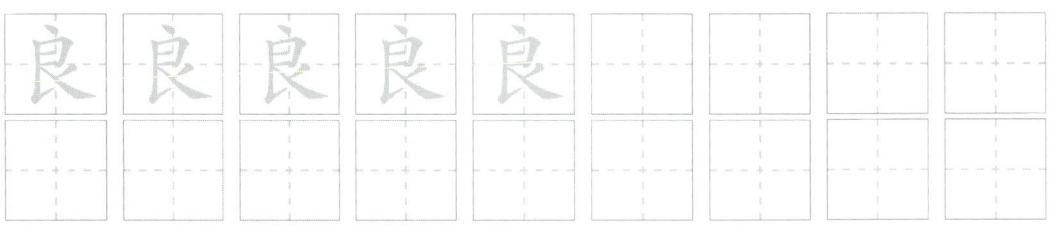

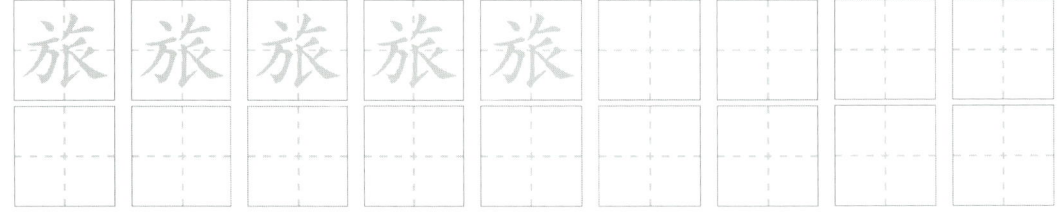

출제 단어
旅客(여객) : 여행하는 사람. 나그네.
旅路(여로) : 여행길.

빈칸 채우기
＿＿＿行(여행)은 언제나 가슴 설렌다.
명절이어서 ＿＿＿客(여객) 터미널에는 많은 사람들로 붐볐다.

25일 완성 **18**일째

5급 歷 지날 력

세월(厂)이 지나가는 발자취(止)는 **역사**이다.

비슷한 한자
曆 책력 력

총 16획 부 止

출제단어
歷代(역대) : 대대로 이어 내려온 그 여러 대.
歷史(역사) : 인류 사회의 변천과 흥망의 과정.

빈칸 채우기
우리나라를 바로 알기 위해서는 과거의 ＿＿＿史(역사)를 아는 것도 중요하다.
이번 대통령 선거는 ＿＿＿代(역대)에 보지 못한 깨끗한 선거였다.

5급 練 익힐 련

누에고치에서 실(糸)을 가리는(柬) 것도 요령을 **익혀야** 한다.

동의자
習 익힐 습

총 15획 부 糸

출제단어
洗練(세련) : 서투르지 않고 능숙함.
試鍊(시련) : 겪기 어려운 시험과 단련.

빈칸 채우기
이번 대회에서는 ＿＿＿習(연습)이 부족했던 탓에 성적이 좋지 못했다.
요즘 사람들은 과거에 비해 洗＿＿＿(세련)된 모습이다.

확인학습 18회

1. 다음 漢字語의 讀音을 쓰시오.

(1) 觀念 (　　　)　(2) 花壇 (　　　)　(3) 談話 (　　　)

(4) 韓半島 (　　　)　(5) 到着 (　　　)　(6) 旅路 (　　　)

2. 다음 漢字의 訓과 音을 쓰시오.

(1) 吉 (　　　)　(2) 團 (　　　)　(3) 當 (　　　)

(4) 都 (　　　)　(5) 落 (　　　)　(6) 朗 (　　　)

(7) 冷 (　　　)　(8) 量 (　　　)　(9) 良 (　　　)

(10) 練 (　　　)　(11) 獨 (　　　)　(12) 德 (　　　)

3. 다음 漢字의 部首를 쓰세요.

(1) 到 (　　　)

(2) 島 (　　　)

(3) 冷 (　　　)

4. 다음 漢字의 讀音을 보고 漢字를 쓰시오.

(1) 만능 (　　　)　(2) 미덕 (　　　)

(3) 독신 (　　　)　(4) 역사 (　　　)

> 읽기 한자

25일 완성 **19**일째

5급

하여금 령

모든 사람(人)으로 하여금 무릎(卩)을 꿇게 하는 말이 명령이다.

비슷한 한자
今 이제 금   冷 찰 랭

총 5획 부 人

출제 단어
口令(구령) : 단체의 통제를 위해 입으로 내리는 명령.
法令(법령) : 국가 기관에서 공포되는 법적 효력을 가진 법규.

빈칸 채우기
새벽에 갑자기 출동 命____(명령)이 내려졌다.
군인들이 口____(구령)에 맞춰 훈련을 받고 있다.

5급

거느릴 령

명령(令)을 내리는 우두머리(頁)는 사람을 거느리는 지도자다.

동의자
率 거느릴 솔   統 거느릴 통

총 14획 부 頁   領 領 領 領 領 領 領 領 領 領 領 領

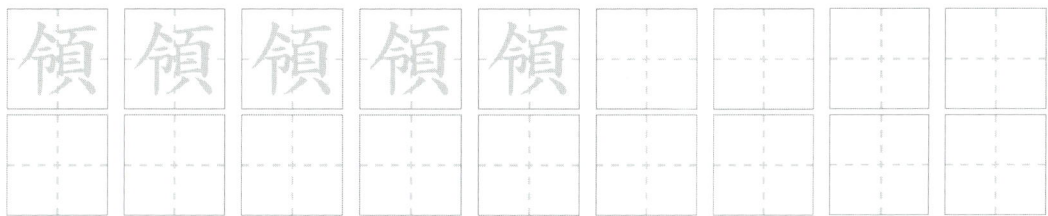

출제 단어
曲領(곡령) : 깃이 둥글게 된 옷.
領土(영토) : 한 나라의 통치권 지역.

빈칸 채우기
예전에는 만주도 우리나라의 ____土(영토)였다.
처음에는 힘들지만 자꾸 하다 보면 要____(요령)이 생겨 쉬워진다.

> 읽기 한자

☐ 5급

勞 일할 로

불(炊)빛이 덮여(冖) 어두워질 때까지 힘써(力) **일한다**.

비슷한 한자
榮영화 영

총 12획 부力 勞 勞 勞 勞 勞 勞 勞 勞 勞 勞

勞 勞 勞 勞 勞

출제 단어
勞苦(노고) : 괴롭게 애씀.
勞使(노사) : 노무자와 고용주.

빈칸 채우기
아버지는 심한 ____動(노동)에 시달리다 병을 얻었다.
우리 회사는 좋은 ____使(노사) 관계를 유지하고 있다.

☐ 5급

料 헤아릴 료

쌀(米)을 말(斗)로 되어 **헤아려** 본다.

동의자
量헤아릴 량

비슷한 한자
科과목 과

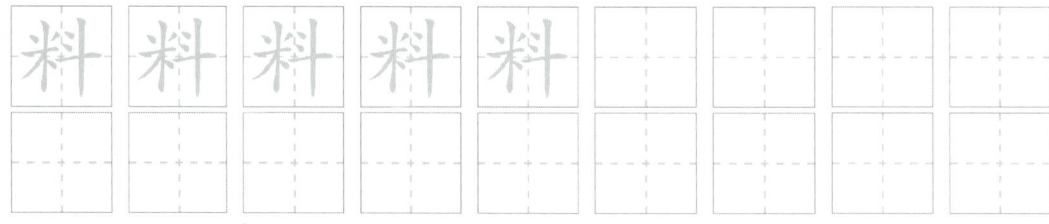

총 10획 부斗 料 料 料 料 料 料 料 料 料 料

料 料 料 料 料

출제 단어
計料(계료) : 헤아려 봄.
史料(사료) : 역사의 연구, 편찬에 필요한 문헌이나 유물.

빈칸 채우기
엄마의 ____理(요리) 솜씨는 세계 최고이다.
시립 운동장은 매주 일요일만 無____(무료)로 개방된다.

150~151

25일 완성 **19**일째

流 (5급) 흐를 류

물(氵)은 냇물을 만들며 **흐른다**.

비슷한 한자
疏 소통할 소

총 10획 부 氵 流流流流流流流流流流

출제 단어
巨流(거류) : 큰 흐름.
急流(급류) : 물이 급한 속도로 흐름.

빈칸 채우기
이 물고기는 깨끗한 강의 上___(상류)에서만 서식한다.
남북한이 통일을 하기 위해서는 앞으로도 많은 交___(교류)가 필요하다.

類 (5급) 무리 류

쌀(米)밥을 본 개(犬)들이 머리(頁)를 맞대고 **무리**를 지어 달려든다.

동의자
群 무리 군   等 무리 등

반의자
獨 홀로 독

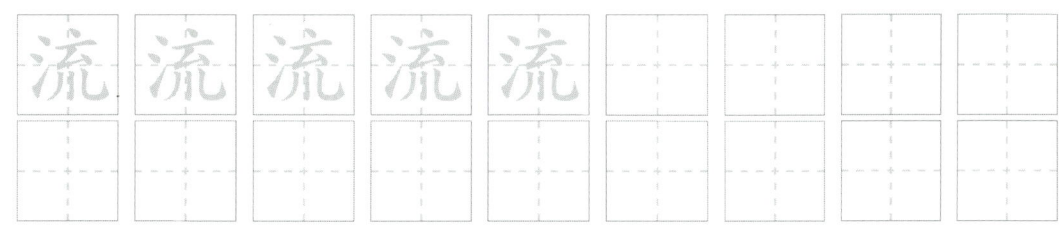

총 19획 부 頁 類類類類類類類類類類類類類類

출제 단어
類別(유별) : 종류에 따라 나누어 구별함.
衣類(의류) : 옷 종류의 총칭.

빈칸 채우기
청소년기에는 여러 種___(종류)의 책을 읽는 것이 좋다.
컴퓨터는 人___(인류) 역사상 가장 위대한 발명품 중 하나이다.

> 읽기 한자

☐ 5급

陸
뭍 륙

울퉁불퉁한 흙덩이와 언덕(阝)이 있는 곳은 뭍, 육지이다.

동의자 地 땅 지
반의자 海 바다 해

총 11획 부 阝   陸 陸 陸 陸 陸 陸 陸 陸 陸

출제 단어
陸地(육지) : 물에 잠기지 않은 지구의 땅.
着陸(착륙) : 비행기나 비행선 따위가 공중에서 땅으로 내려앉는 일.

빈칸 채우기
섬과 ____地(육지)를 연결하기 위해 바다 위에 다리를 건설하였다.
____橋(육교) 위에 올라가 아래로 지나가는 차들을 바라보았다.

☐ 5급

馬
말 마

말의 갈기와 꼬리, 몸통, 네 발굽을 본뜬 글자이다.

비슷한 한자 篤 도타울 독

총 10획 부 馬   馬 馬 馬 馬 馬 馬 馬 馬 馬 馬

출제 단어
馬車(마차) : 말이 끄는 수레.
出馬(출마) : 말을 타고 나감. 선거에 입후보함.

빈칸 채우기
학교 대표가 되어 웅변대회에 出____(출마)하게 되었다.
짐을 ____車(마차)에 다 싣고 이별의 인사를 했다.

25일 완성 **19**일째

☐ 5급

末
끝 **말**

나무(木)의 뾰족한(一) 부분이 **끝**부분이다.

동의자 端끝 단
반의자 始처음 시

총 5획 부 木   末 末 末 末 末

출제 단어
末期(말기) : 끝나는 시기.
結末(결말) : 일을 맺는 끝.

빈칸 채우기
이번 週____(주말)에는 가족이 모두 함께 놀이동산에 놀러 갈 예정이다.
年____(연말)에는 불우 이웃을 위한 다양한 행사가 열린다.

☐ 5급

亡
망할 **망**

사람(亠)이 달아나 숨으니 **망하다**.

반의자 興일 흥 盛성할 성
비슷한 한자 忘잊을 망

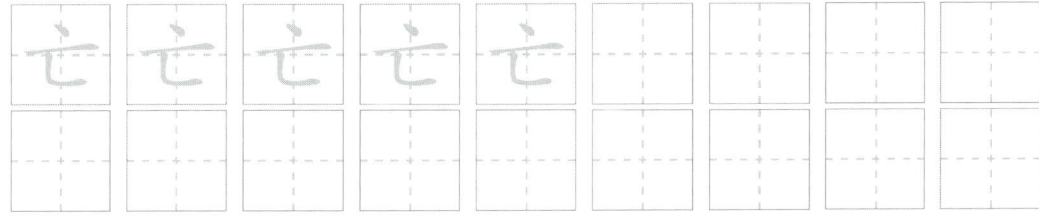

총 3획 부 亠   亡 亡 亡

출제 단어
亡命(망명) : 자기 나라의 정치적 탄압 따위를 피하여 남의 나라로 몸을 옮김.
亡身(망신) : 자기의 지위, 명예, 체면을 망침.

빈칸 채우기
김대중 대통령은 한때 미국으로 ____命(망명)했다.
아버지의 갑작스러운 死____(사망) 소식은 우리 가족에게 큰 충격이었다.

> 읽기 한자

☐ **5급** 望 바랄 망

달(月)을 바라보며(壬) 죽은(亡) 사람이 돌아오기를 **바란다**.

동의자: 希 바랄 희

총 11획 부 月   望望望望望望望望望望望

출제 단어
望遠鏡(망원경) : 렌즈를 써서 먼 데 있는 물체를 똑똑히 보기 위한 기구.
望鄕(망향) : 고향을 그림.

빈칸 채우기
예선에서 떨어졌지만 失____(실망)하지 않았다.
태양은 미래의 有____(유망)한 에너지 자원이다.

☐ **5급** 買 살 매

그물(网)로 고기를 잡듯이 재물(貝)을 **사들인다**.

반의자: 賣 팔 매

총 12획 부 貝   買買買買買買買買買買買買

출제 단어
買食(매식) : 음식을 사서 먹음.
競買(경매) : 같은 물건을 파는 여러 사람 중 가장 싸게 팔겠다는 사람에게서 물건을 삼.

빈칸 채우기
농사를 짓기 위해 농지를 ____入(매입)했다.
멜라민이 들어간 과자 소식을 들은 시민들은 곧바로 不____(불매) 운동에 나섰다.

25일 완성 **19**일째

☐ 5급

賣
팔 **매**

산(買) 물건을 선비(士)가 공부하는 데 **팔아** 쓴다.

동의자: 販 팔 판
반의자: 買 살 매

총 15획 부 貝

賣 賣 賣 賣 賣 賣 賣 賣 賣 賣 賣 賣 賣 賣 賣

출제 단어
賣買(매매) : 물건을 팔고 사는 일.
賣出(매출) : 물건을 내다 파는 일.

빈칸 채우기
백화점의 1층에는 주로 화장품 ____場(매장)이 있다.
우리 학교 ____店(매점)은 문구를 팔지 않아 불편하다.

☐ 5급

無
없을 **무**

죽은 사람(人)을 장작더미 위에 놓고 불(灬)을 지르니 형체가 **없다**.

반의자: 有 있을 유
비슷한 한자: 舞 춤출 무

총 12획 부 灬

無 無 無 無 無 無 無 無 無 無 無 無

출제 단어
無能(무능) : 능력이 없음.
無禮(무례) : 태도나 말에 예의가 없음.

빈칸 채우기
우리 집은 가정 형편이 어려워 ____料(무료) 급식을 받고 있다.
____線(무선) 전화기는 선이 없어서 편리하다.

> 읽기 한자

☐ **5급** 倍
곱 배

사람(亻)이 물건을 가르니(音) **갑절**이 된다.

비슷한 한자
培 북돋울 배

총 10획 부 亻 倍倍倍倍倍倍倍倍倍倍

출제 단어
倍達(배달) : 상고 시대의 우리나라의 이름.
數倍(수배) : 여러 곱절.

빈칸 채우기
우리 ____達(배달)민족은 다른 나라를 침략한 적이 없다.
김밥과 보물찾기는 소풍의 재미를 ____加(배가)한다.

☐ **5급** 法
법 법

물(氵) 위를 걸어가듯이(去) 신중을 기해야 하는 것이 **법**이다.

동의자
規 법 규   式 법 식

총 8획 부 氵 法法法法法法法法

출제 단어
法則(법칙) : 반드시 지켜야만 하는 규범.
用法(용법) : 사용하는 방법.

빈칸 채우기
이 ____則(법칙)을 알아내기 위해 30년 동안이나 연구를 했다.
이 문제는 어떤 方____(방법)을 써도 풀 수 없다.

25일 완성 **19**일째

5급 變 변할 변

잇따라 타이르고(䜌) 매로 쳐서(攵) 가르치면 잘못도 **고쳐진다**.

동의자: 化 될 화
비슷한 한자: 燮 불꽃 섭

총 23획 부 言

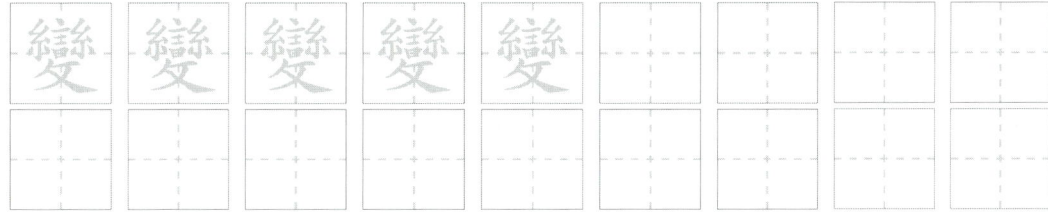

출제 단어
變動(변동) : 상태가 움직여 변함.
變化(변화) : 변하여 다르게 됨.

빈칸 채우기
다이아몬드의 아름다움은 영원히 _____(변)하지 않는다.
환경의 _____化(변화)로 북극의 얼음이 녹고 있다.

5급 兵 군사 병

도끼(斤)를 들고 버티고 서 있는 것이 **병사**들이다.

동의자: 軍 군사 군
반의자: 將 장수 장

총 7획 부 八

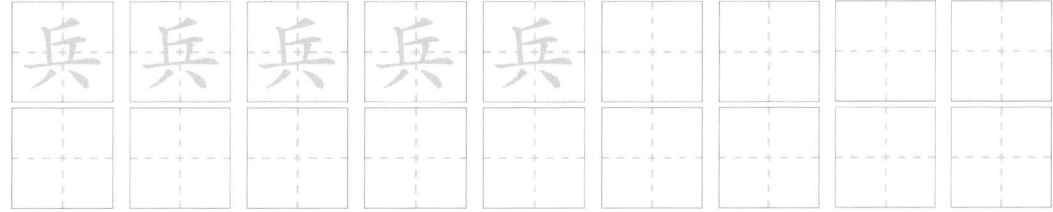

출제 단어
兵力(병력) : 군대의 힘.
强兵(강병) : 군비나 병력을 강화함.

빈칸 채우기
이번 전투에서 많은 _____士(병사)들이 목숨을 잃었다.
우리나라의 남자들은 _____役(병역)의 의무가 있다.

> 읽기 한자

25일 완성 **19**일째

□ 5급

福
복 **복**

신(示)에게 술을 가득(畐) 부어 제사 지냄은 복을 비는 것이다.

반의자: 禍재앙 화
비슷한 한자: 富부자 부

총 14획 부示   福福福福福福福福福福

출제 단어
幸福(행복) : 복된 좋은 운수.
祝福(축복) : 행복을 빎.

빈칸 채우기
엄마는 잠든 동생의 얼굴을 보고는 幸_____(행복)한 미소를 지었다.
많은 사람들의 祝_____(축복)을 받으며 결혼을 했다.

□ 5급

奉
받들 **봉**

지아비(夫)를 높이(一) 두 손(手)으로 받들듯 섬기다.

동의자: 仕섬길 사
비슷한 한자: 春봄 춘

총 8획 부大   奉奉奉奉奉奉奉奉

출제 단어
奉養(봉양) : 받들어 모심.
信奉(신봉) : 사상이나 학설, 교리 따위를 옳다고 믿고 받듦.

빈칸 채우기
태안에서 기름 유출 사고가 일어나자 많은 사람들이 _____仕(봉사) 활동을 떠났다.
부모님을 _____養(봉양)하기 위해 시골로 내려갔다.

확인학습 19회

1. 다음 漢字語의 讀音을 쓰시오.

(1) 領土 (　　) (2) 陸橋 (　　) (3) 末期 (　　)

(4) 野望 (　　) (5) 無關心 (　　) (6) 變化 (　　)

2. 다음 漢字의 訓과 音을 쓰시오.

(1) 令 (　　) (2) 料 (　　) (3) 流 (　　)

(4) 馬 (　　) (5) 亡 (　　) (6) 賣 (　　)

(7) 倍 (　　) (8) 法 (　　) (9) 兵 (　　)

(10) 奉 (　　) (11) 陸 (　　) (12) 望 (　　)

3. 다음 漢字의 部首를 쓰세요.

(1) 料 (　　)

(2) 法 (　　)

(3) 福 (　　)

4. 다음 漢字의 讀音을 보고 漢字를 쓰시오.

(1) 노동 (　　) (2) 종류 (　　)

(3) 경매 (　　) (4) 행복 (　　)

> 읽기 한자

5급

比
견줄 비

두 사람이 나란히 서 있는 모습을 나타낸 글자이다.

동의자
較 견줄 교

비슷한 한자
北 북녘 북

총 4획 부 比   比 比 比 比

출제
단어

比等(비등) : 견주어서 보기에 서로 비슷함.
對比(대비) : 두 가지의 차이를 밝히기 위하여 서로 맞대어 비교함.

빈칸
채우기

이성 친구는 외모에 ___重(비중)을 두기보다는 마음 됨을 보고 사귀어야 한다.
두 가지 색을 對___(대비)시켜 더 잘 보이도록 했다.

5급

費
쓸 비

재물(貝)을 버리는(弗) 것은 **소비하는** 것이다.

동의자
用 쓸 용

총 12획 부 貝   費 費 費 費 費 弗 弗 弗 曹 費 費

출제
단어

費用(비용) : 쓰이는 돈. 드는 돈.
旅費(여비) : 여행하는 데 드는 비용.

빈칸
채우기

여행을 가고 싶지만 ___用(비용)이 많이 들어 포기했다.
學___(학비)를 내기 위해 방학에는 아르바이트를 하고 있다.

25일 완성 **20**일째

鼻 코 비 (5급)

자기(自)한테 주라고(畀) 할 때 가리키는 곳이 **코**이다.

총 14획 부 鼻

鼻 鼻 鼻 鼻 鼻 鼻 鼻 鼻 鼻 鼻 鼻

출제단어
- 鼻笑(비소) : 코웃음.
- 耳目口鼻(이목구비) : 귀, 눈, 입, 코를 아울러 이르는 말.

빈칸 채우기
- 일본어는 ＿＿＿音(비음)을 많이 사용한다.
- 耳目口＿＿＿(이목구비)가 뚜렷할수록 예뻐 보인다.

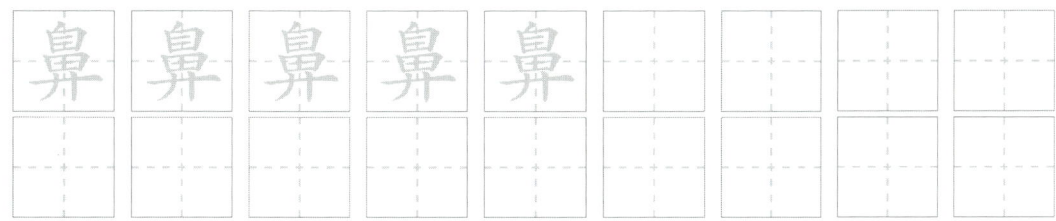

氷 얼음 빙 (5급)

물(水)이 점(丶)처럼 모여 있으니 **얼음**이다.

비슷한 한자
永 길 영

총 5획 부 水

氷 氷 氷 氷 氷

출제단어
- 氷菓(빙과) : 얼음과자.
- 解氷(해빙) : 얼음이 풀림.

빈칸 채우기
- 북극의 ＿＿＿山(빙산)이 모두 녹으면 전 세계가 물바다가 된다고 한다.
- 스케이트는 대표적인 ＿＿＿上(빙상) 경기이다.

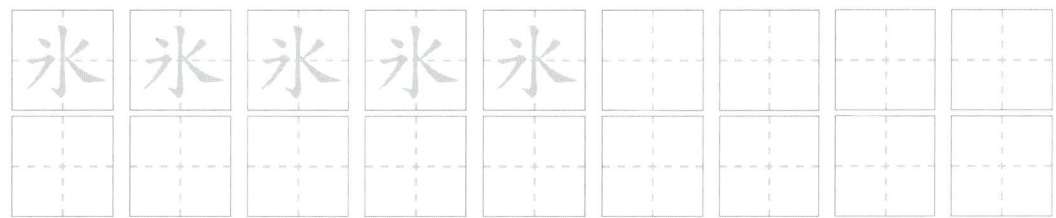

> 읽기 한자

☐ 5급

베낄 **사**

까치(鳥)가 둥지(宀)의 주변을 옮아 앉 듯이 글을 **베껴** 옮긴다.

동의자
謄베낄 등

총 15획 부 宀   寫寫寫寫寫寫寫寫寫寫寫寫寫寫寫

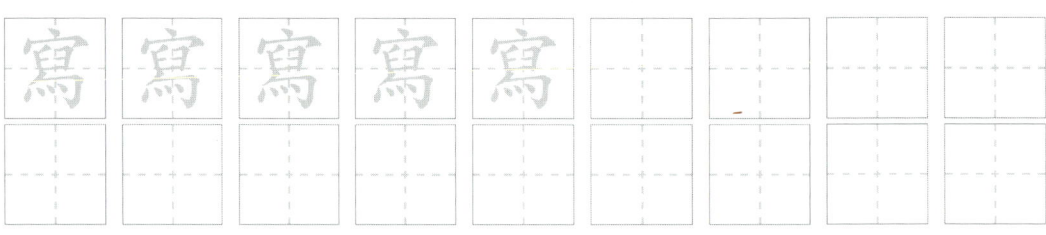

출제 단어
開寫(개사) : 글로 써서 나타냄
寫眞(사진) : 실물의 모양을 있는 그대로 그려 냄. 또는 그 그려낸 상.

빈칸 채우기
계약서의 ＿＿＿本(사본)을 만들어 보관해 두다.
저 화가는 어떠한 사물도 ＿＿＿實(사실)적으로 표현한다.

☐ 5급

생각 **사**

머리(田=囟)에 의한 마음(心)의 작용 이니 **생각하다**.

동의자
考생각할 고   念생각 념

비슷한 한자
恩은혜 은

총 9획 부 心   思思思思思思思思思

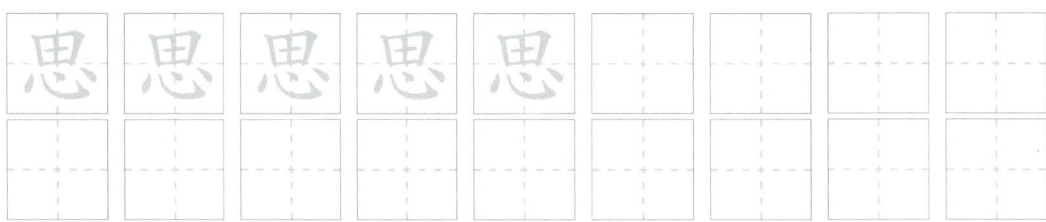

출제 단어
思念(사념) : 마음속으로 깊이 생각함.
思料(사료) : 생각하여 헤아림.

빈칸 채우기
우리 아버지는 ＿＿＿考(사고) 방식이 구식이다.
내 意＿＿＿(의사)와 상관없이 경시대회에 참가하게 되었다.

25일 완성 **20**일째

5급

査
조사할 **사**

나무(木)를 잘라 차곡차곡 쌓인(且) 나이테를 조사한다.

동의자 : 探찾을 탐

총 9획 부 木   査 査 査 査 杳 杳 杳 杳 査

출제단어
査察(사찰) : 조사하여 결정함.
內査(내사) : 뒷 조사. 자체 조사.

빈칸 채우기
숙제 자료를 調____(조사)하기 위해 도서관에 간다.
감사원은 우리나라의 대표적인 ____定(사정) 기관이다.

5급

仕
섬길 **사**

사람(亻)은 선비(士)가 되면 윗사람을 섬기게 된다.

동의자 : 奉받들 봉
비슷한 한자 : 任맡길 임

총 5획 부 亻   仕 仕 仕 仕 仕

출제단어
仕官(사관) : 관리가 되어 종사함.
勤仕(근사) : 자기가 맡은 일에 부지런히 힘써서 일함.

빈칸 채우기
아버지는 초등학교에서 給____(급사)로 일한 적이 있다.
정치인들은 국민을 위해 奉____(봉사)한다는 말을 입버릇처럼 한다.

> 읽기 한자

☐ **5급**

사기 **사**

천문 조사에 사용하는 막대(中)를 손에 가지다(又)는 뜻에서 유래하였다.

비슷한 한자
吏 관리 리

총 5획 부 口   史 史 史 史 史

출제 단어
史料(사료) : 역사 연구의 자료.
先史(선사) : 역사가 있기 이전.

빈칸 채우기
그 과학자는 歷____(역사)에 길이 남을 위대한 업적을 남겼다.
____學科(사학과)는 역사를 전문으로 배우는 학과이다.

☐ **5급**

선비 **사**

한(一)가지를 배우면 열(十) 가지를 아는 사람이 선비이다.

비슷한 한자
土 흙 토

총 3획 부 士

출제 단어
勇士(용사) : 용맹스러운 사람.
人士(인사) : 사회적 지위가 높거나 사회적 활동이 많은 사람.

빈칸 채우기
軍____(군사)들은 장군의 지휘에 따라 일사분란하게 움직였다.
세계의 名____(명사)들이 환경 문제 해결을 위해 회의에 참석했다.

25일 완성 **20**일째

5급 産 낳을 산

어떤 곳에서 **산출**되거나(彦) 생산된(生) 물건인지 표시한다.

동의자 生 날 생

총 11획 부 生   産 産 産 産 産 産 産 産

출제단어
産母(산모) : 해산한 어미.
生産(생산) : 물건을 만들어 냄.

빈칸 채우기
새로운 기술의 보급으로 生____量(생산량)이 늘어났다.
환경은 우리 모두가 지켜야할 소중한 財____(재산)이다.

5급 賞 상줄 상

높이(尙) 칭찬을 하며 재물(貝)을 주니 **상주는** 것이다.

반의자 罰 벌할 벌

총 15획 부 貝   賞 賞 賞 賞 賞 賞 賞 賞 賞 賞 賞 賞 賞

출제단어
賞品(상품) : 상으로 주는 물건.
入賞(입상) : 상을 타게 되는 등수에 드는 것.

빈칸 채우기
독후감 쓰기 대회의 ____金(상금)으로 10만원을 받았다.
내가 좋아하는 가수가 가요제에서 大____(대상)을 받았다.

> 읽기 한자

□ 5급

商
장사 상

머리(亠)를 써 나눠주며(八) 빛나게(冏) 하니 **장사하다**.

동의자
量 헤아릴 량

총 11획 부 口 商商商商商商商商商商商

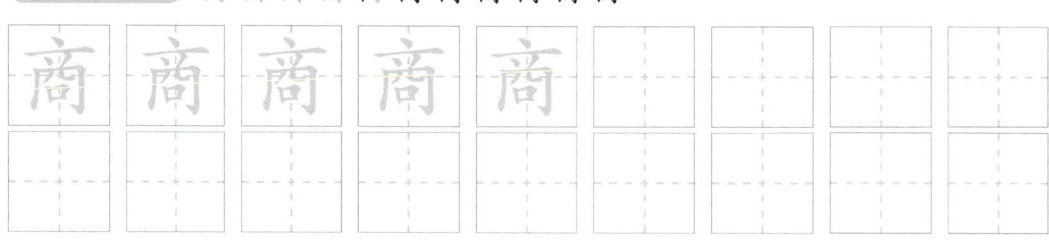

출제 단어
商品(상품) : 장사하는 물품.
行商(행상) : 물건을 가지고 이곳저곳 돌아다니며 파는 일.

빈칸 채우기
백화점에는 온갖 _____品(상품)들이 진열되어 있다.
날이 어두워지자 _____店(상점)에 하나 둘 불이 켜졌다.

□ 5급

相
서로 상

나무(木)에 올라 먼 곳을 보니(目) 저쪽에서도 **서로** 마주 보고 있다.

동의자
互 서로 호

총 9획 부 目 相相相相相相相相相

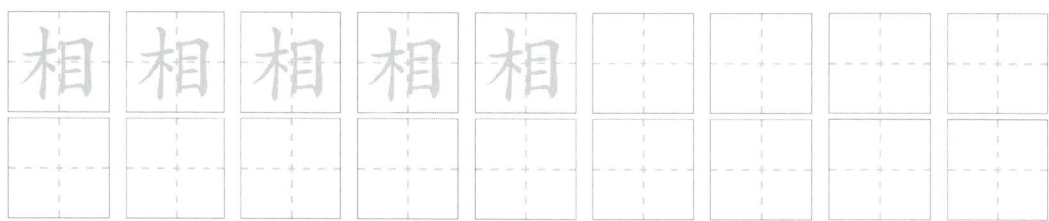

출제 단어
相當(상당) : 일정한 액수나 수치 따위에 해당함.
首相(수상) : 내각의 우두머리. 현재는 일반적으로 총리로 부름.

빈칸 채우기
_____對(상대)를 알고 나를 알아야 백 번 싸워 백 번 이길 수 있다.
서로의 입장이 _____反(상반)되어 회의가 밤늦도록 끝나지 않았다.

25일 완성 **20**일째

☐ 5급

序
차례 **서**

집(广)에서 나누어 줄(子) 때는 **차례**가 있다.

동의자: 秩 차례 질
비슷한 한자: 字 글자 자

총 7획 부 广   序 序 序 序 序 序 序

출제 단어
公序(공서) : 공공의 질서.
序言(서언) : 머리말.

빈칸 채우기
모든 일에는 順____(순서)가 있다.
그 이야기는 ____頭(서두)가 너무 길어 지루하다.

☐ 5급

善
착할 **선**

양(羊)처럼 온순한 사람은 두말(口) 할 것 없이 **착한** 사람이다.

반의자: 惡 악할 악

총 12획 부 口   善 善 善 善 善 善 善 善 善 善 善 善

출제 단어
善良(선량) : 행실이나 성질이 착함.
親善(친선) : 서로 간에 친밀하여 사이가 좋음.

빈칸 채우기
____惡(선악)을 판단하는 것은 자신에게 달려 있다.
교육 환경을 改____(개선)하기 위해 많은 사람들이 노력하고 있다.

> 읽기 한자

☐ 5급

船
배 선

통나무를 파서(舟) 골짜기 입구 강을 건너는 것이 **배**이다.

동의자 舟 배 주
비슷한 한자 般 일반 반

총 11획 부 舟 船 船 船 船 船 船 船 船

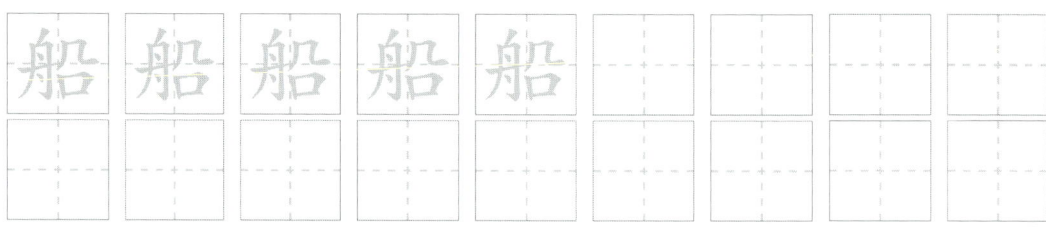

출제 단어
船上(선상) : 배 위.
船室(선실) : 선객이 쓰도록 된 배 안의 방.

빈칸 채우기
이 배의 ＿＿＿長(선장)은 배를 탄 지 20년이 넘은 전문가이다.
태풍으로 배가 흔들려 ＿＿＿室(선실)의 물건들이 마구 떨어졌다.

☐ 5급

選
가릴 선

유순한 사람으로 제사를 지내러(巽) 갈 (辶) 사람을 **고른다**는 뜻이다.

동의자 擇 가릴 택

총 16획 부 辶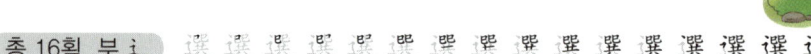

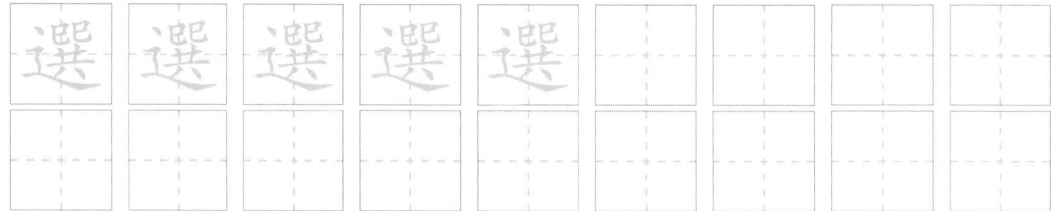

출제 단어
選手(선수) : 운동경기 따위에서 기량이 뛰어나 대표로 뽑힌 사람.
選出(선출) : 여럿 가운데 골라냄.

빈칸 채우기
장기자랑에서 부를 노래를 ＿＿＿曲(선곡)했다.
축구 ＿＿＿手(선수)가 되기 위해 매일 두 시간씩 연습을 하고 있다.

25일 완성 **20**일째

仙 신선 선 (5급)

산(山)에서 도를 닦은 사람(亻)을 **신선**이라고 한다.

비슷한 한자: 化 될 화

총 5획 부 亻

仙 仙 仙 仙 仙

출제 단어
- 仙境(선경) : 신선이 있는 곳.
- 神仙(신선) : 선도를 닦아 도통한 사람.

빈칸 채우기
- ____女(선녀)는 날개옷을 되찾아 하늘로 올라갔다.
- 우리 할아버지는 神____(신선)처럼 하얀 수염을 기르고 있다.

鮮 고울 선 (5급)

물고기(魚)나 양(羊)은 모두 **곱다**.

동의자: 美 아름다울 미
비슷한 한자: 漁 고기잡을 어

총 17획 부 魚

鮮 鮮 鮮 鮮 鮮 鮮 鮮 鮮 鮮 鮮 鮮 鮮 鮮

출제 단어
- 鮮明(선명) : 산뜻하고 뚜렷함.
- 新鮮(신선) : 새롭고 산뜻함.

빈칸 채우기
- 제철에 나는 新____(신선)한 과일이 맛도 좋고 영양가도 많다.
- 우리 집 식탁에는 항상 生____(생선) 반찬이 올라온다.

확인학습 20회

1. 다음 漢字語의 讀音을 쓰시오.

   (1) 學費 (　　　)　(2) 筆寫 (　　　)　(3) 調査 (　　　)

   (4) 財産 (　　　)　(5) 順序 (　　　)　(6) 當選 (　　　)

2. 다음 漢字의 訓과 음을 쓰시오.

   (1) 比 (　　　)　(2) 鼻 (　　　)　(3) 思 (　　　)

   (4) 仕 (　　　)　(5) 賞 (　　　)　(6) 善 (　　　)

   (7) 仙 (　　　)　(8) 士 (　　　)　(9) 商 (　　　)

   (10) 鮮 (　　　)　(11) 産 (　　　)　(12) 相 (　　　)

3. 다음 漢字의 部首를 쓰세요.

   (1) 鼻 (　　　)

   (2) 善 (　　　)

   (3) 鮮 (　　　)

4. 다음 漢字의 讀音을 보고 漢字를 쓰시오.

   (1) 빙하 (　　　)　(2) 역사 (　　　)

   (3) 선장 (　　　)　(4) 신선 (　　　)

> 읽기 한자

25일 완성 **21**일째

☐ 5급

說

말씀 **설**/기뻐할 **열**/달랠 **세**

말(言)로 기쁘게(兌)하여 달래며 설득하다.

동의자
談말씀 담 話말씀 화

총 14획 부 言   說說說說說說說說說說說說說說

출제단어
說敎(설교) : 종교의 교리를 설명함.
說客(세객) : 능란한 말솜씨로 각지를 유세하고 다니는 사람.

빈칸채우기
선생님의 ＿＿＿明(설명)이 끝나자 학생들의 질문이 쏟아졌다.
이 이야기는 아무에게도 發＿＿＿(발설)해서는 안된다.

☐ 5급

性

성품 **성**

타고난(生) 마음(忄)이 그 사람의 성품이다.

비슷한 한자
姓성 성

총 8획 부 忄   性性性性性性性性

출제단어
性格(성격) : 각 개인이 특별히 갖고 있는 감정.
毒性(독성) : 독이 있는 성분.

빈칸채우기
우리 할아버지는 性＿＿＿(성격)이 괴팍하다.
컴퓨터는 사용할수록 ＿＿＿能(성능)이 떨어진다.

> 읽기 한자

☐ 5급

歲
해 세

걸으며(步) 씨를 뿌리고 낫(戌)으로 거두어 들이니 해가 바뀌었다.

동의자
年 해 년

총 13획 부 止   歲歲歲歲歲歲歲歲歲歲歲歲歲

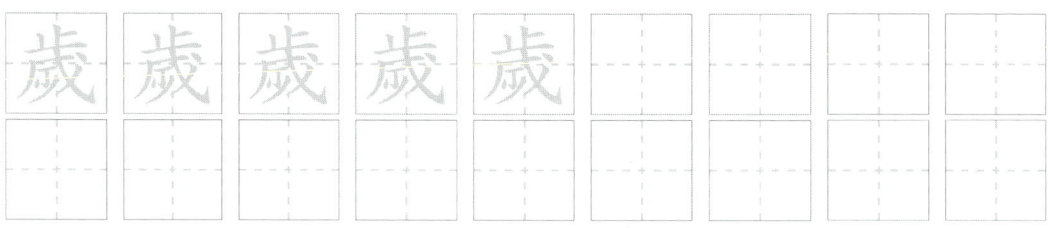

출제단어
歲月(세월) : 해나 달을 단위로 하여, 한없이 흘러가는 시간.
年歲(연세) : 나이의 높임말.

빈칸채우기
____月(세월)이 흐르는 것은 누구도 막을 수 없다.
올림픽에서 금메달을 따자 응원을 하던 모든 사람들이 萬____(만세)를 불렀다.

☐ 5급

洗
씻을 세

깨끗이 하려면 물(氵)에다 먼저(先) 씻는다.

동의자
濯 씻을 탁

비슷한 한자
先 먼저 선

총 9획 부 氵   洗洗洗洗洗洗洗洗洗

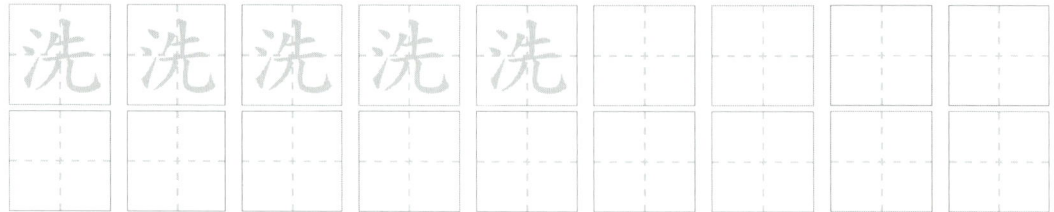

출제단어
洗禮(세례) : 지식과 기술을 익혀 서툴거나 어색한 데가 없음.
洗車(세차) : 차를 씻는 것.

빈칸채우기
오늘 아침에는 늦잠을 자서 ____手(세수)도 못하고 나왔다.
____車(세차)를 하지 않아 차가 너무 지저분하다.

25일 완성 **21** 일째

☐ 5급

束
묶을 **속**

나무(木)를 끈으로 에워싸는(口) 것이 **묶는** 것이다.

반의자
解 풀 해

총 7획 부 木   束 束 束 束 束 束 束

출제 단어
結束(결속) : 한 덩이가 되게 묶음.
團束(단속) : 경계를 단단히 하여 다잡음.

빈칸 채우기
아빠는 다시는 술을 마시지 않겠다고 나와 約____(약속)을 했다.
불량 식품은 철저히 團____(단속)되어야 한다.

☐ 5급

首
머리 **수**

털이 난 **머리**의 모양을 본뜬 글자이다.

동의자
頭 머리 두   頁 머리 혈

총 9획 부 首   首 首 首 首 首 首 首 首 首

출제 단어
首都(수도) : 한 나라의 중앙 정부가 있는 도시.
首位(수위) : 첫째 자리.

빈칸 채우기
세계에는 나라 이름과 ____都(수도)의 이름이 같은 나라도 있다.
경찰의 추적이 계속되자 범인은 自____(자수)하기로 결심했다.

> 읽기 한자

☐ 5급

宿
잘 숙/별자리 수

집(宀)에는 많은(百) 사람(亻)들이 머물고 자는 곳이다.

동의자
寢잠잘 침 眠잠잘 면

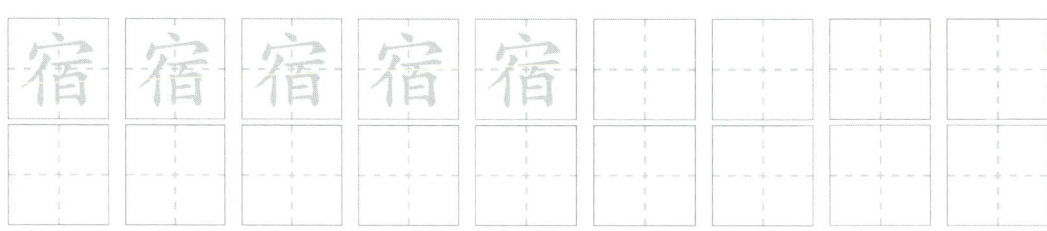

총 11획 부 宀   宿宿宿宿宿宿宿宿宿宿

출제단어
宿泊(숙박) : 먹고 자는 것.
宿所(숙소) : 머물러 묵는 곳.

빈칸채우기
날이 어두워서 _____所(숙소)를 찾아가기가 힘들다.
방학은 다 좋은데 _____題(숙제)가 많은 것이 흠이다.

☐ 5급

순할 순

물(川)처럼 순리를 따르는 얼굴(頁)은 순해 보인다.

동의자
逆거스를 역

비슷한 한자
須모름지기 수

총 12획 부 頁   順順順順順順順順順順

출제단어
順位(순위) : 차례.
順利(순리) : 이익을 좇음. 순조로운 것.

빈칸채우기
내가 발표할 _____序(순서)가 되자 가슴이 두근거렸다.
경품은 先着_____(선착순)으로 지급됩니다.

25일 완성 **21** 일째

示 보일 시 〔5급〕

제단에 제물을 차려놓은 모양을 본뜬 글자이다.

동의자
視볼 시 見볼 견 觀볼 관

총 5획 부 示   示 示 示 示 示

출제단어
展示(전시) : 여러 가지 물품을 한곳에 벌여 놓고 보임.
表示(표시) : 겉으로 드러내 보임.

빈칸 채우기
가격이 明____(명시)되어 있지 않아 점원에게 가격을 물어보았다.
展____場(전시장)에는 수많은 관람객들로 발 디딜 틈도 없었다.

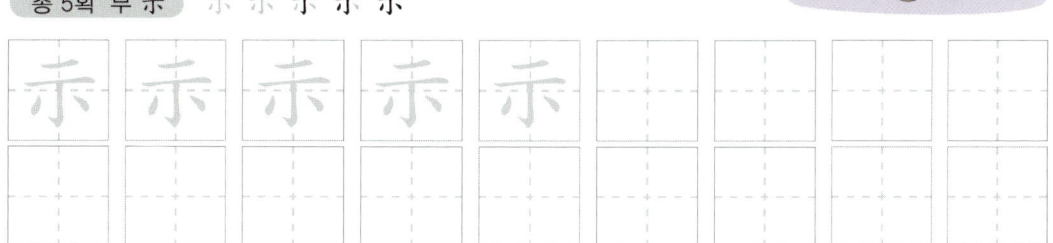

識 알 식/기록할 지 〔5급〕

사물을 분별(戠)해서 말(言)할 줄 아는 것이 지식이다.

동의자
知알 지

총 19획 부 言   識 識 識 識 識 識 識 識 識 識 識 識 識 識 識

출제단어
識別(식별) : 분별함.
識見(식견) : 사물을 식별하고 관찰하는 능력.

빈칸 채우기
기초 知____(지식)이 부족해 연구가 잘 이루어지지 않았다.
常____(상식)이 있는 사람이라면 그러한 일은 하지 않았을 것이다.

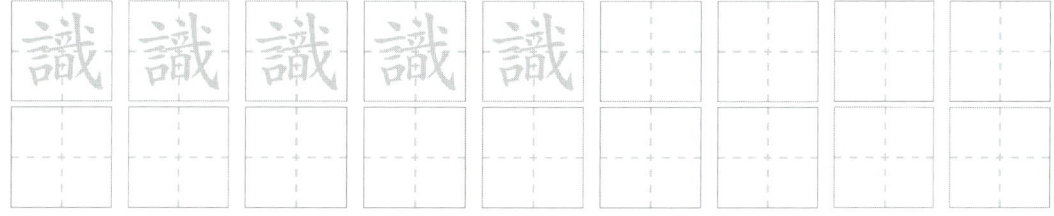

> 읽기 한자

5급

신하 **신**

임금 앞에서 허리를 구부리고 무릎을 꿇은 **신하**의 모습을 본뜬 글자이다.

반의자
君임금 군 王임금 왕 皇임금 황

총 6획 부 臣   臣 臣 臣 臣 臣 臣

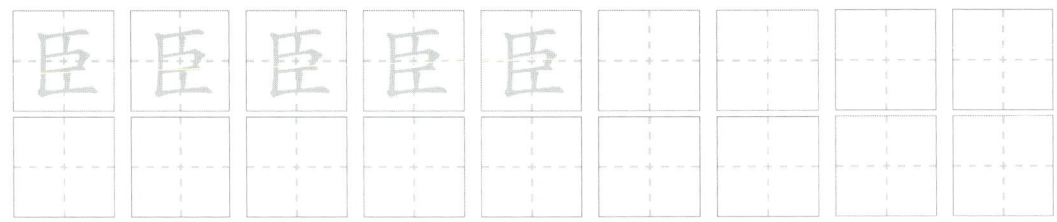

출제 단어
君臣(군신) : 임금과 신하.
臣服(신복) : 신하가 되어 복종함.

빈칸 채우기
임금의 뜻을 잘 헤아리는 것이 _____下(신하)의 도리이다.
옛날에는 忠_____(충신)과 역적이 뒤바뀌는 일이 적지 않았다.

5급

열매 **실**

집(宀) 안에서 돈꾸러미(貫)가 많으니 **실속**있는 부자다.

동의자
果실과 과

총 14획 부 宀

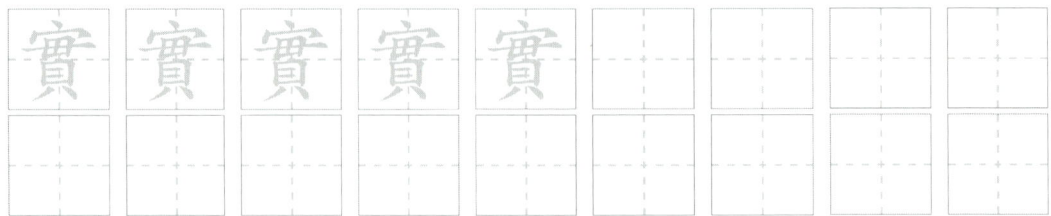

출제 단어
實習(실습) : 이미 배운 이론을 토대로 하여 실제로 해 보고 익히는 일.
實在(실재) : 실제로 존재함.

빈칸 채우기
말보다는 _____行(실행)하는 것이 중요한다.
인터넷 게시판에서의 _____名(실명) 사용에 대한 반대도 적지 않다.

25일 완성 **21** 일째

兒 아이 아 (5급)

정수리에 숨구멍(臼)이 굳지 않은 사람(儿)은 어린 **아이**이다.

동의자: 童 아이 동
반의자: 長 긴 장

총 8획 부 儿   兒兒兒兒兒兒兒兒

출제단어
兒童(아동) : 어린 아이.
育兒(육아) : 어린 아이를 기름.

빈칸 채우기
____童(아동)에 대한 범죄는 더욱 엄격하게 다루어야 한다.
育____(육아) 문제로 고민하는 맞벌이 부부가 늘고 있다.

惡 악할 악/미워할 오 (5급)

흉한(亞) 마음(心)을 가진 사람은 **악한** 사람이다.

동의자: 憎 미울 증
반의자: 善 착할 선

총 12획 부 心   惡惡惡惡惡惡惡惡惡惡惡惡

출제단어
惡寒(오한) : 몸에 열이 나면서 오슬오슬 춥고 괴로운 증세.
發惡(발악) : 온갖 짓을 다 하며 마구 악을 씀.

빈칸 채우기
그 학교를 선택한 것은 最____(최악)의 선택이었다.
나를 대하는 그의 목소리는 ____意(악의)로 가득했다.

> 읽기 한자

☐ 5급

案
책상 안

편안히(安) 앉아서 책을 보는 나무(木)로 만든 **책상**이다.

비슷한 한자
安 편안 안

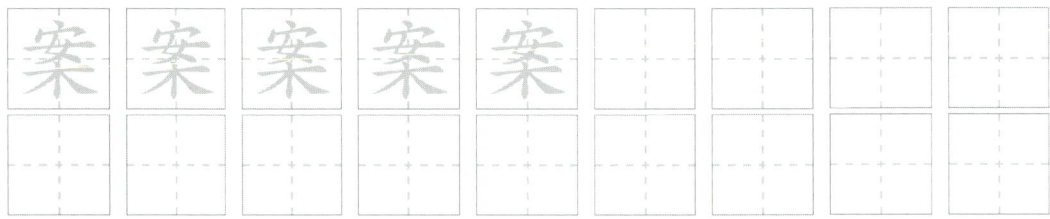

총 10획 부 木　案 案 案 案 案 案 案 案 案 案

출제 단어
案內(안내) : 인도하여 일러줌.
方案(방안) : 일을 해결할 방법이나 계획.

빈칸 채우기
손님을 행사장으로 ＿＿＿內(안내)했다.
신제품을 考＿＿＿(고안)하기 위해 밤낮으로 연구한다.

☐ 5급

約
맺을 약

작고(勺) 가는 실(糸)로 매듭을 **맺어** 약속을 맹세한다.

동의자　　반의자
契 맺을 계　解 풀 해

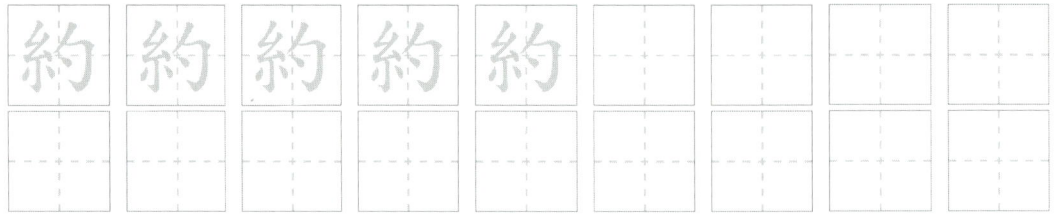

총 9획 부 糸　約 約 約 約 約 約 約 約 約

출제 단어
約束(약속) : 다른 사람과 앞으로의 일을 어떻게 할 것인가를 미리 정하여 둠.
公約(공약) : 공중 앞에서 약속함.

빈칸 채우기
선거에서 많은 公＿＿＿(공약)을 내세워 당선됐지만 지켜지지 않고 있다.
오늘은 先＿＿＿(선약)이 있어서 먼저 자리를 나섰다.

25일 완성 **21** 일째

養 기를 양 (5급)

양(羊)에게 풀을 먹여(食) 가축으로 **기른다**.

동의자: 育 기를 육

총 15획 부 食

養養養養養養養養養養養養養養養

출제 단어
養分(양분) : 영양이 되는 성분.
養成(양성) : 가르쳐서 유능한 사람을 길러 냄.

빈칸 채우기
아이의 ____育(양육) 문제로 고민하는 부모님들이 많다.
教____(교양)을 쌓기 위해 책을 읽고 있다.

漁 고기 잡을 어 (5급)

바다(氵) 속 **물고기(魚)를 잡다**.

비슷한 한자: 魚 고기 어

총 14획 부 氵

漁漁漁漁漁漁漁漁漁漁漁漁漁漁

출제 단어
漁業(어업) : 수산업의 한 가지.
出漁(출어) : 물고기를 잡으러 배가 나감.

빈칸 채우기
____夫(어부)가 그물을 던져 물고기를 잡고 있다.
태풍으로 ____船(어선)들이 고기잡이를 나가지 못하고 있다.

> 읽기 한자

25일 완성 **21** 일째

5급
고기 **어**

물고기의 머리, 몸통, 지느러미 모양을 본뜬 글자이다.

비슷한 한자
漁 고기잡을 어

총 11획 부 魚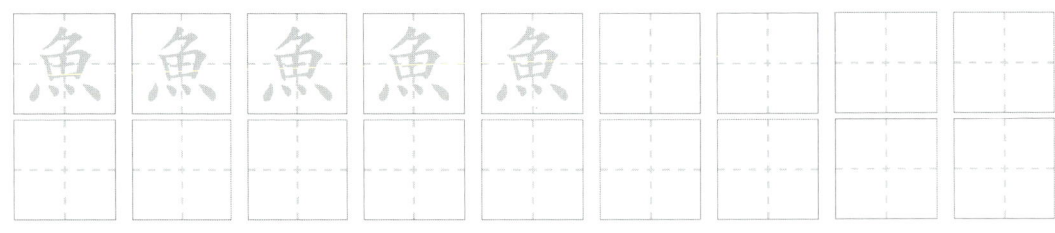

출제 단어
魚物(어물) : 가공하여 말린 해산물.
魚肉(어육) : 물고기와 육고기.

빈칸 채우기
내 동생은 人____(인어) 공주 이야기를 가장 좋아한다.
처음 해 본 낚시에서 大____(대어)를 낚았다.

5급
억 **억**

사람(亻)이 생각할(意)수 있는 가장 큰 수가 억이라는 의미이다.

비슷한 한자
憶 생각할 억

총 15획 부 亻 億 億 億 億 億 億 億 億 億 億 億

출제 단어
億萬(억만) : 수없이 많은 수를 비유하는 것.
億中(억중) : 계획한 일이 잘 들어 맞음.

빈칸 채우기
____萬長者(억만장자)라고 모두가 행복하지는 않다.
중국의 인구는 十____(십 억)이 넘는다.

확인학습 21회

1. 다음 漢字語의 讀音을 쓰시오.

(1) 說得 (   )   (2) 洗車 (   )   (3) 宿題 (   )

(4) 展示 (   )   (5) 兒童 (   )   (6) 養護 (   )

2. 다음 漢字의 訓과 音을 쓰시오.

(1) 性 (   )   (2) 束 (   )   (3) 首 (   )

(4) 識 (   )   (5) 臣 (   )   (6) 實 (   )

(7) 案 (   )   (8) 約 (   )   (9) 魚 (   )

(10) 億 (   )   (11) 歲 (   )   (12) 兒 (   )

3. 다음 漢字의 部首를 쓰세요.

(1) 歲 (   )

(2) 實 (   )

(3) 說 (   )

4. 다음 漢字의 讀音을 보고 漢字를 쓰시오.

(1) 세월 (   )   (2) 순서 (   )

(3) 선악 (   )   (4) 어부 (   )

> 읽기 한자

5급 熱
더울 **열**

불(灬)길이 세차서(埶) **덥고** 뜨겁다.

동의자 暑 더울 서
반의자 寒 찰 한   冷 찰 랭

총 15획 부 灬

熱意(열의) : 열정을 다하는 마음.
熱情(열정) : 열렬한 사랑. 열중하는 마음.

빈칸 채우기
관중석은 응원의 ＿＿＿氣(열기)로 가득했다.
책 읽기에 ＿＿＿中(열중)해서 밤이 늦은 것도 몰랐다.

5급 葉
잎 **엽**

풀(艹)의 엷고 연한 부분이 **잎**이다.

비슷한 한자 棄 버릴 기

총 13획 부 艹

葉書(엽서) : 우편 요금을 표시하여 인쇄한 편지 용지.
落葉(낙엽) : 떨어진 나뭇잎.

빈칸 채우기
요즘은 ＿＿＿書(엽서)를 쓰는 사람이 많지 않다.
落＿＿＿(낙엽)이 떨어지는 것을 보니 벌써 가을이 되었구나.

25일 완성 **22**일째

5급 屋 집 옥

사람(尸)이 머무르는(至) 곳은 **집**이다.

동의자: 家집 가　堂집 당　宇집 우

총 9획　부 尸　屋屋屋屋屋屋屋屋屋

출제단어
家屋(가옥) : 사람이 사는 집.
社屋(사옥) : 회사로 사용하는 집.

빈칸채우기
＿＿＿上(옥상)에 올라가 마을을 내려다보았다.
전통 家＿＿＿(가옥)을 보기 위해 민속촌에 갔다.

5급 完 완전할 완

담을 토대(元)로 하여 지붕을 씌운 집(宀)은 **완전하다**.

동의자: 全온전 전

총 7획　부 宀　完完完完完完完

출제단어
完工(완공) : 공사를 마침.
完勝(완승) : 완전하게 이김.

빈칸채우기
이 작품은 ＿＿＿成(완성)하는 데 1년이 걸렸다.
이 세상에 ＿＿＿全(완전)한 사람은 없다.

> 읽기 한자

5급 曜 빛날 요

꿩(翟)의 깃이 해(日)를 받으니 **빛나다**.

총 18획 부 日

曜 曜 曜 曜 曜 曜 曜 曜 曜 曜 曜 曜 曜

출제단어
曜日(요일) : 일주일의 각 날을 이르는 말.
黑曜石(흑요석) : 화산암의 한 가지.

빈칸 채우기
우리 학교는 ＿＿＿日(요일)마다 급식 반찬이 다르다.
매주 日＿＿＿日(일요일)에는 가족들과 외식을 한다.

5급 要 요긴할 요

여자(女)가 가리고(襾) 있는 곳은 아주 **요긴한** 부분이다.

총 9획 부 襾

要 要 要 要 要 要 要 要 要

출제단어
要所(요소) : 긴요한 장소.
重要(중요) : 매우 귀중하고 소중함.

빈칸 채우기
건강을 위해서는 과식을 하지 않는 것이 重＿＿＿(중요)하다.
엄마의 強＿＿＿(강요)로 학원을 다섯 군데나 다니고 있다.

25일 완성 **22**일째

5급
浴
목욕할 욕

골짜기(谷)의 맑은 물(氵)에 깨끗하게 **목욕한다**.

동의자: 沐 머리감을 목
비슷한 한자: 俗 풍속 속

총 10획 부 氵 浴浴浴浴浴浴浴浴浴浴

출제단어
浴室(욕실) : 목욕하는 방.
日光浴(일광욕) : 햇볕에 몸을 쬐어 몸을 튼튼히 함.

빈칸채우기
____室(욕실)에서 미끄러져 다리를 삐었다.
이번 여름에는 꼭 海水____場(해수욕장)에 가고 싶다.

5급
牛
소 우

소의 머리를 본떠서 만든 글자이다.

동의자: 丑 소 축
비슷한 한자: 午 낮 오

총 4획 부 牛 牛牛牛牛

출제단어
牛角(우각) : 소의 뿔.
牛馬(우마) : 소와 말.

빈칸채우기
소고기는 역시 韓____(한우)가 최고다.
소를 팔기 위해 ____市場(우시장)에 나갔다.

> 읽기 한자

☐ 5급

벗 **우**

손(又)을 맞잡고 서로 돕는 것에서 **친구**를 의미한다.

동의자
朋 벗 붕

비슷한 한자
反 돌이킬 반

총 4획 부 又   友 友 友 友

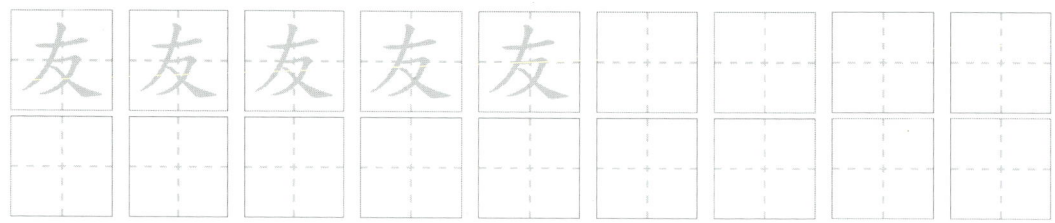

출제 단어
友軍(우군) : 자기편의 군대.
戰友(전우) : 같은 전장에서 함께 전투에 종사한 동료.

빈칸 채우기
친구에게 ____情(우정)의 선물을 주었다.
학교 敎____(교우)들이 모여 봉사활동에 참여했다.

☐ 5급

비 **우**

구름에서 **비**가 내리고 있는 모양을 본뜬 글자이다.

동의자
兩 두 량

총 8획 부 雨   雨 雨 雨 雨 雨 雨 雨

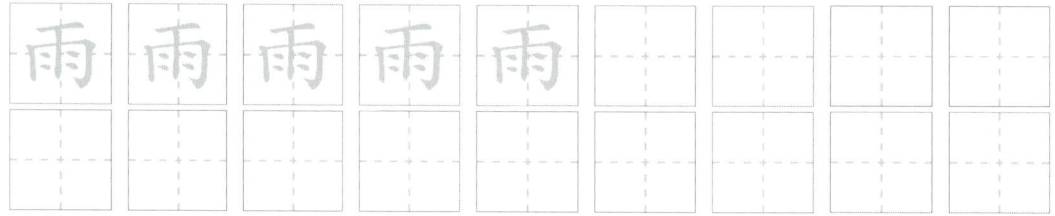

출제 단어
雨天(우천) : 비가 오는 하늘.
雨中(우중) : 비가 오는 가운데. 빗속.

빈칸 채우기
기대하던 소풍이 ____天(우천)으로 취소가 되었다.
____期(우기)가 되면 침수 피해를 입는 곳이 많아진다.

25일 완성 **22**일째

☐ 5급

雲
구름 운

비(雨)를 내리게 하는 자욱한(云) 김을 **구름**이라 한다.

비슷한 한자: 雪 눈 설

총 12획 부 雨   雲雲雲雲雲雲雲雲雲雲雲雲

출제 단어
- 雲集(운집) : 구름 떼처럼 많이 모임.
- 雲海(운해) : 구름이 덮인 바다.

빈칸 채우기
- 거리 응원을 위해 시청 앞에 많은 사람들이 ＿＿＿集(운집)했다.
- 望＿＿＿(망운)은 객지에서 고향의 어버이를 생각하는 일을 비유한다.

☐ 5급

雄
수컷 웅

큰(大) 부리가 있는 새(隹)라는 의미에서 **수컷**을 뜻한다.

반의자: 雌 암컷 자
비슷한 한자: 稚 어릴 치

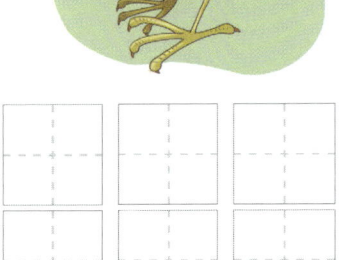

총 12획 부 隹   雄雄雄雄雄雄雄雄雄雄雄雄

출제 단어
- 雄大(웅대) : 굉장히 큼.
- 雄勇(웅용) : 빼어나게 용맹함.

빈칸 채우기
- 英＿＿＿(영웅)은 어려운 시기에 나타난다.
- 우주의 ＿＿＿大(웅대)함은 그 끝을 알 수 없다.

> 읽기 한자

☐ 5급

언덕 **원**

벼랑(厂)밑에 맑고 흰(白) 물(水)이 나오는 **언덕**(原)이 있다.

동의자 岸언덕 안
비슷한 한자 源근원 원

총 10획 부 厂

출제 단어
原價(원가) : 처음 사들일 때의 값.
原來(원래) : 본디. 전부터.

빈칸 채우기
화재는 부주의가 ____ 因(원인)인 경우가 많다.
콩은 다양한 음식의 ____ 料(원료)로 쓰인다.

☐ 5급

집 **원**

집은 언덕(阝)으로 둘러싸여 완전히(完) 찬바람을 막아야 좋다.

동의자 家집 가 室집 실
비슷한 한자 完완전할 완

총 10획 부 阝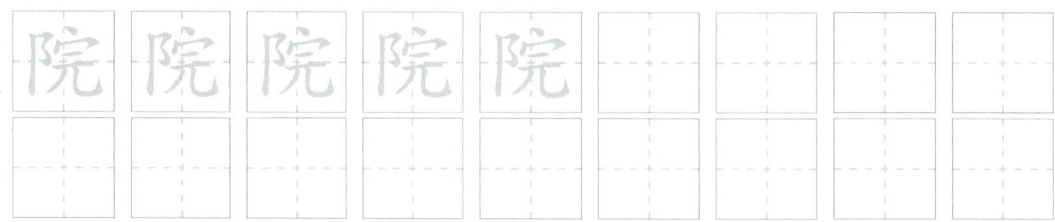

출제 단어
當院(당원) : 병원, 연구원, 학원 따위 '원'으로 끝나는 기관이 스스로를 가리키는 말.
病院(병원) : 아픈 사람을 진찰, 치료하는 곳.

빈칸 채우기
주사 맞는 것이 싫어 病____(병원)에 가지 않았다.
____長(원장) 선생님은 친절해서 인기가 좋다.

25일 완성 **22**일째

5급

願
원할 **원**

머리(頁)는 사고의 근원(原)이니 **생각하며** 산다.

동의자: 望 바랄 망

총 19획 부 頁   願願願願願願願願願願願願願願願願願願願

출제단어
願望(원망) : 못마땅하게 여기어 탓하거나 불평을 품고 미워함.
所願(소원) : 원하는 바.

빈칸채우기
내 所____(소원)은 맛있는 음식을 많이 먹는 것이다.
自____(자원) 봉사 활동을 위해 수해 지역을 찾았다.

5급

元
으뜸 **원**

하늘과 땅(二) 사이의 사람(儿)이 **으뜸**이다.

비슷한 한자: 完 완전할 완

총 4획 부 儿   元 元 元 元

출제단어
元利(원리) : 본전과 이자.
元老(원로) : 한 가지 일에 오래 종사하여 경험과 공로가 많은 사람.

빈칸채우기
어머니의 정성스런 간호로 아버지는 빨리 ____氣(원기)를 회복했다.
이 두 음식점은 서로 자기가 ____祖(원조)라며 싸우고 있다.

> 읽기 한자

5급

位

자리 위

관리(亻)들은 벼슬의 서열대로 서(立)는 자리가 있다.

동의자
座자리 좌

총 7획 부 亻   位 位 位 位 位 位 位

출제 단어
位首(위수) : 어떤 방향으로 머리 쪽을 둠.
位格(위격) : 지위와 품격을 이르는 말.

빈칸 채우기
달리기는 시간 기록으로 順____(순위)를 매긴다.
사람은 地____(지위)가 오를수록 겸손해야 한다.

5급

偉

클 위

보통 사람(亻)과 다르게(韋) 보이니 위대한 사람이다.

동의자
大큰 대   巨클 거

반의자
地땅 지

총 11획 부 亻   偉 偉 偉 偉 偉 偉 偉 偉

출제 단어
偉業(위업) : 위대한 사업.
偉力(위력) : 위대한 힘.

빈칸 채우기
자연의 힘은 ____大(위대)하다.
이 책은 ____人(위인)의 일대기를 쓴 책이다.

25일 완성 **22**일째

5급 耳 귀 이

귀의 모양을 본떠서 만든 글자이다.

비슷한 한자
乾 하늘 건

총 6획 부 耳   耳 耳 耳 耳 耳 耳

耳 耳 耳 耳 耳

출제단어
耳目(이목) : 귀와 눈. 남들의 주의.
耳順(이순) : 생각하는 것이 원만하여 들으면 곧 이해가 된다는 뜻으로 예순 살을 이름.

빈칸 채우기
그 과학자의 말은 온 국민의 ____目(이목)을 집중시켰다.
馬____東風(마이동풍)은 남의 말을 흘려듣는 것을 말한다.

5급 以 써 이

사람(人)이 논을 갈 때는 쟁기로써 간다.

비슷한 한자
似 닮을 사

총 5획 부 人   以 以 以 以 以

以 以 以 以 以

출제단어
以前(이전) : 앞서, 얼마 전.
所以(소이) : 까닭.

빈칸 채우기
내일이 시험이라 공부____外(이외)에는 아무 것도 하지 않았다.
이 영화는 15세____下(이하)는 볼 수 없다.

확인학습 **22회**

1. 다음 漢字語의 讀音을 쓰시오.

(1) 熱望 (   )   (2) 完勝 (   )   (3) 海水浴 (   )

(4) 韓牛 (   )   (5) 養老院 (   )   (6) 雲集 (   )

2. 다음 漢字의 訓과 音을 쓰시오.

(1) 屋 (   )   (2) 曜 (   )   (3) 友 (   )

(4) 原 (   )   (5) 願 (   )   (6) 雲 (   )

(7) 位 (   )   (8) 雨 (   )   (9) 偉 (   )

(10) 耳 (   )   (11) 雄 (   )   (12) 浴 (   )

3. 다음 漢字의 部首를 쓰세요.

(1) 屋 (   )

(2) 雲 (   )

(3) 院 (   )

4. 다음 漢字의 讀音을 보고 漢字를 쓰시오.

(1) 낙엽 (   )   (2) 중요 (   )

(3) 영웅 (   )   (4) 원조 (   )

> 읽기 한자

25일 완성 **23**일째

☐ 5급

因
인할 **인**

에워싸인(口) 곳에서 큰(大) 일이 일어나는 것은 **원인**이 있다.

반의자: 果실과·열매 과
비슷한 한자: 困곤할 곤

총 6획 부 口   因 因 因 因 因 因

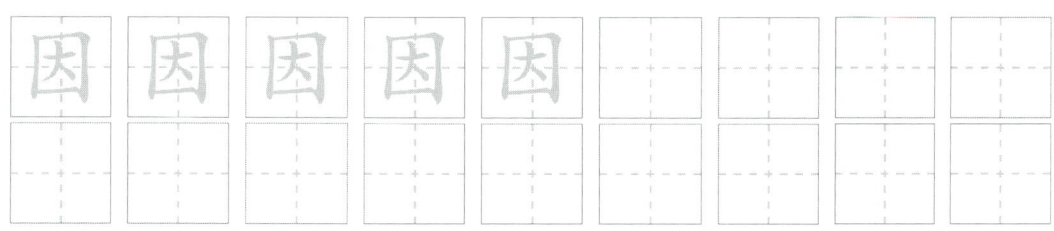

출제 단어
因果(인과) : 원인과 결과.
因習(인습) : 이전부터 전하여 몸에 젖은 풍습.

빈칸 채우기
실험이 끝나고 실패의 原_____(원인)에 대해 토론했다.
경기에 진 감독은 敗_____(패인)을 분석하기 시작했다.

☐ 5급

任
맡길 **임**

사람(亻)이 짐을 지듯(壬) **맡은** 일을 한다.

동의자: 委맡길 위
비슷한 한자: 仕섬길 사

총 6획 부 亻   任 任 任 任 任 任

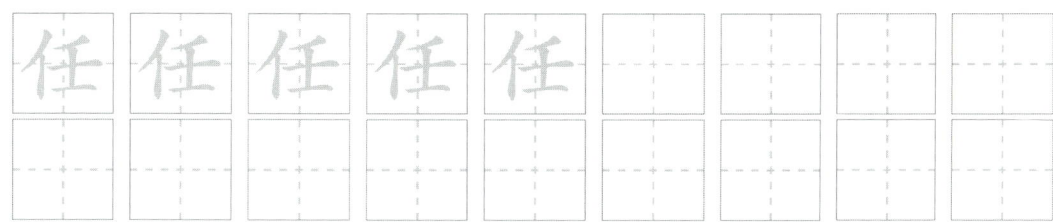

출제 단어
任命(임명) : 직무를 맡김.
任意(임의) : 자기 의사대로 하는 일.

빈칸 채우기
우리 아버지는 사장에 _____命(임명)되었다.
내 짝꿍은 선생님의 信_____(신임)을 받고 있다.

> 읽기 한자

5급

두 재

같은 것(一)을 몇 개나 쌓은 것에서 겹쳐서, **재차**를 의미한다.

동의자 : 兩 두 량
비슷한 한자 : 用 쓸 용

총 6획 부 冂   再 再 再 再 再 再

출제단어
再任(재임) : 같은 관직에 두 번째 나감.
再生(재생) : 거의 죽게 되었다가 되살아 남.

빈칸 채우기
이미 나았다고 생각했던 병이 _____發(재발)했다.
플라스틱은 _____生(재생)해서 쓸 수 있다.

5급

재앙 재

물(巛)과 불(火)로 손실을 보는 것이 **재앙**이다.

동의자 : 禍 재앙 화
반의자 : 福 복 복

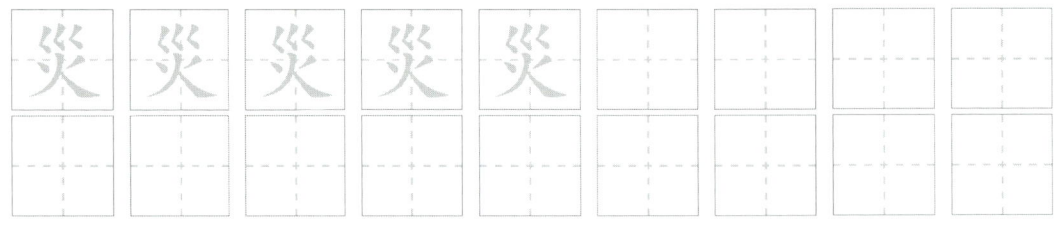

총 7획 부 巛   災 災 災 災 災 災 災

출제단어
天災(천재) : 자연 현상으로 일어나는 재난.
火災(화재) : 불이 나는 재앙. 또는 불로 인한 재난.

빈칸 채우기
자연 _____害(재해)는 우리가 상상하는 것보다 더 무섭다.
겨울철에는 무엇보다 火_____(화재) 예방에 주의해야 한다.

材 재목 재 [5급]

나무(木)를 손(才)으로 다듬어 **재목**으로 쓴다.

비슷한 한자: 村 마을 촌

총 7획 부 木   材 材 材 材 材 材 材

출제 단어
- 教材(교재) : 교수하는 데 쓰이는 재료. 가르치고 배우는 데 쓰이는 재료.
- 商材(상재) : 장사하는 재능.

빈칸 채우기
- 좋은 ____料(재료)로 만든 음식이 몸에도 좋다.
- 서점에 나갔더니 비슷한 敎____(교재)가 너무 많아 뭘 사야 할지 몰랐다.

財 재물 재 [5급]

생활의 바탕(才)이 되는 돈(貝)이니 **재물**이다.

동의자: 貨 재물 화   資 재물 자

총 10획 부 貝   財 財 財 財 財 財 財 財 財 財

출제 단어
- 財力(재력) : 재산에 의한 세력.
- 財物(재물) : 돈이나 그 밖의 값나가는 물건. 돈과 물건.

빈칸 채우기
- ____産(재산)은 많으면 많을수록 더욱 욕심이 생기는 법이다.
- 文化____(문화재)는 우리 모두가 소중히 아껴야 한다.

> 읽기 한자

5급

다툴 쟁

손과 손(⺤)이 서로 끌어당기는(亅) 것이 **다투는** 것이다.

동의자 競다툴 경
반의자 和화할 화

총 8획 부 爪   爭 爭 爭 爭 爭 爭 爭 爭

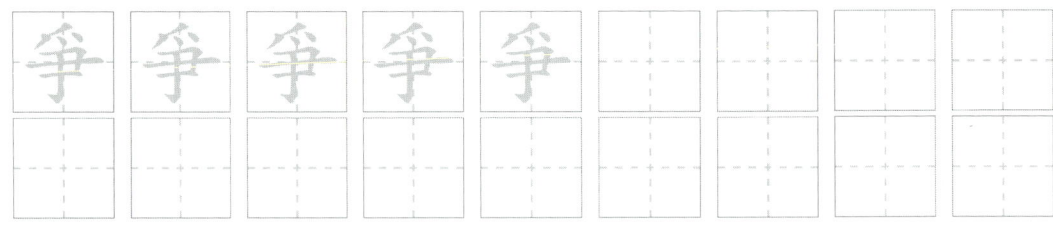

출제 단어
爭議(쟁의) : 서로 다른 의견을 주장하며 다툼.
競爭(경쟁) : 같은 목적을 두고 서로 겨루는 것.

빈칸 채우기
지금 이 시간에도 세계의 어딘가에는 戰____(전쟁)이 일어나고 있다.
전국대회에서는 강한 상대들과 競____(경쟁)해야 한다.

5급

쌓을 저

재물(貝)을 저장해(宁) **쌓아** 둔다.

동의자 築쌓을 축 積쌓을 적

총 12획 부 貝   貯 貯 貯 貯 貯 貯 貯 貯 貯 貯

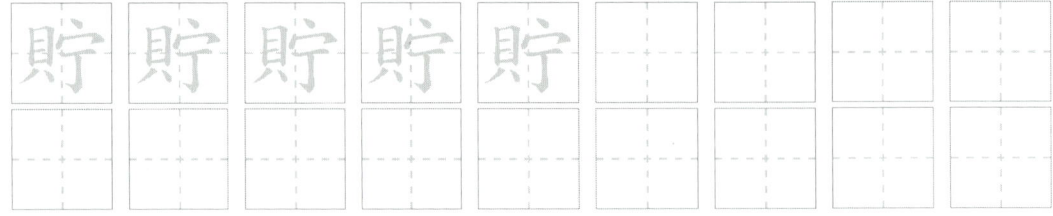

출제 단어
貯水(저수) : 물을 모아 둠.
貯金(저금) : 돈을 모아 둠.

빈칸 채우기
용돈을 받으면 천 원씩 ____金(저금)을 하고 있다.
집중호우로 ____水池(저수지)의 물이 넘쳐 피해를 입었다.

25일 완성 **23**일째

5급

赤
붉을 적

흙(土)이 시뻘건 불(灬)에 타니 **붉은** 색으로 변한다.

동의자 朱 붉을 주   紅 붉을 홍

총 7획 부 赤   赤 赤 赤 赤 赤 赤 赤

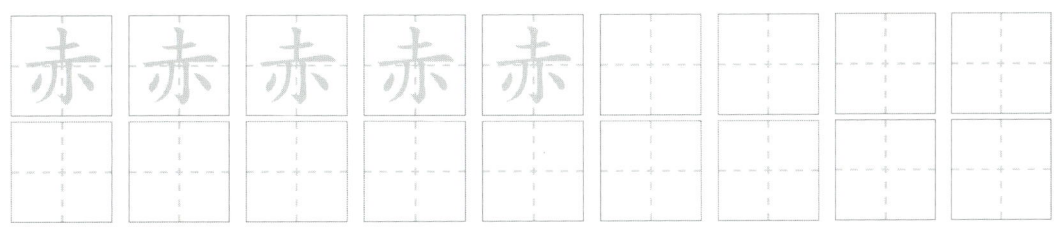

출제 단어
赤手(적수) : 맨손, 공권.
赤字(적자) : 결손이 있을 때 붉은 글씨로 씀.

빈칸 채우기
위험한 일이 생길 경우에는 _____ 色(적색) 깃발을 들어라.
재해가 발생하면 재해민을 돕기 위해 _____ 十字(적십자)가 찾아간다.

5급

的
과녁 적

흰(白) 바탕의 과녁(勺)모양으로 **과녁**, **목표**를 의미한다.

총 8획 부 白   的 的 的 的 的 的 的 的

출제 단어
的實(적실) : 틀림없이 확실함.
的中(적중) : 목표에 들어맞음.

빈칸 채우기
이 조사의 目_____(목적)은 수업 만족도가 얼마나 높은지를 알아보는 것입니다.
합격할 것 같았던 예감이 _____中(적중)했다.

> 읽기 한자

5급

傳
전할 전

사람(亻)이 물레바퀴(專)에서 실이 풀리듯 달려가 **전한다**.

비슷한 한자
專 오로지 전

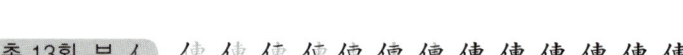

총 13획 부 亻   傳 傳 傳 傳 傳 傳 傳 傳 傳 傳

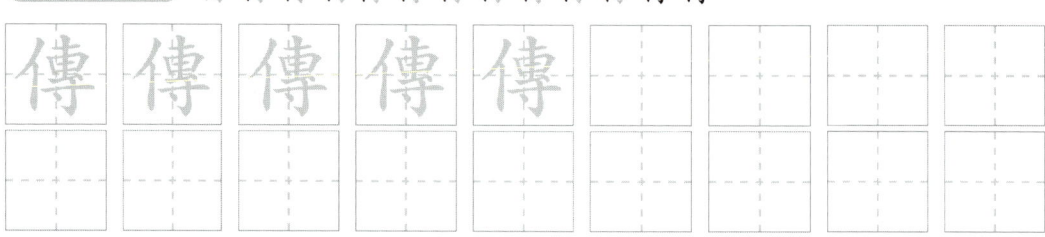

출제 단어
傳記(전기) : 사람의 일대를 기록한 것.
傳說(전설) : 전해 오는 말.

빈칸 채우기
이 마을에는 비 오는 밤이면 귀신이 나타난다는 ____說(전설)이 있다.
____來(전래) 동화에는 좋은 것은 권하고 나쁜 것은 벌하는 내용이 주로 담겨 있다.

5급

典
법 전

공정한(曲) 것을 받드니(廾) **법**이다.

동의자
規 법 규   法 법 법   式 법 식

총 8획 부 八   典 典 典 典 典 典 典 典

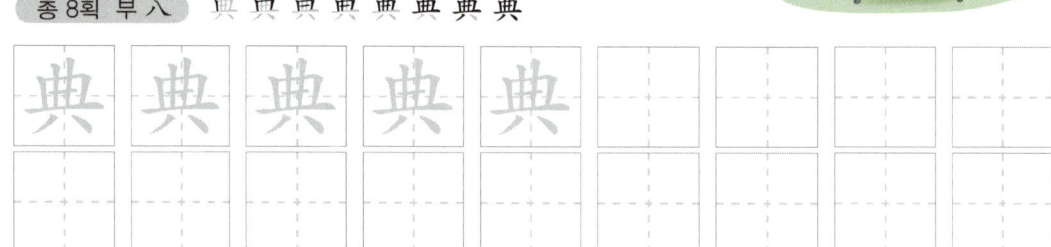

출제 단어
典當(전당) : 토지, 가옥, 물품 등을 담보로 하여 돈을 빌림.
古典(고전) : 옛날의 법식이나 의식.

빈칸 채우기
교양을 쌓기 위해 古____(고전)을 읽고 있다.
百科事____(백과사전)에는 다양한 상식이 담겨 있다.

25일 완성 **23**일째

□ 5급

展
펼 전

사람(尸)이 비단옷을 벗고 누워 팔다리를 **편다**.

동의자
伸 펼 신

총 10획 부 尸 展 展 展 展 展 展 展 展

출제단어
展望(전망) : 멀리 바라봄.
國展(국전) : 국가가 주최하는 전람회.

빈칸채우기
박물관에는 귀중한 문화재가 _____示(전시)되어 있다.
아이들 싸움이 어른들의 싸움으로 發_____(발전)했다.

□ 5급

切
끊을 절 / 모두 체

칼(刀)질을 여러(七)번 해서 **모두 끊어** 놓는다.

동의자
斷 끊을 단 絕 끊을 절

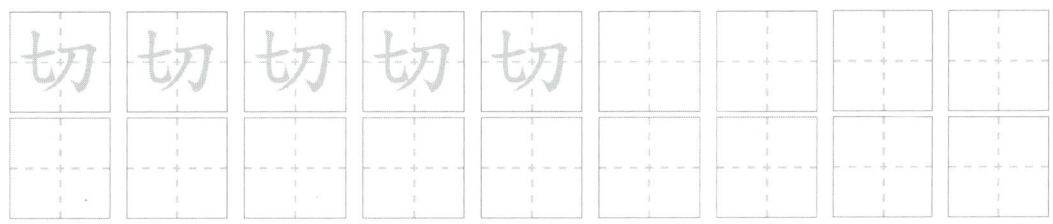

총 4획 부 刀 切 切 切 切

출제단어
切實(절실) : 뼈저리게 강렬한 상태에 있음.
一切(일체) : 온갖 것.

빈칸채우기
오랜만에 _____親(절친)했던 초등학교 시절의 친구를 만났다.
그 사람은 재산 一_____(일체)를 학교에 기부했다.

> 읽기 한자

☐

節
마디 절

대나무(竹)는 자라나면서(卽) **마디**가 생긴다.

동의자
寸 마디 촌

총 15획 부 竹 節節節節節節節節節節節節節節節

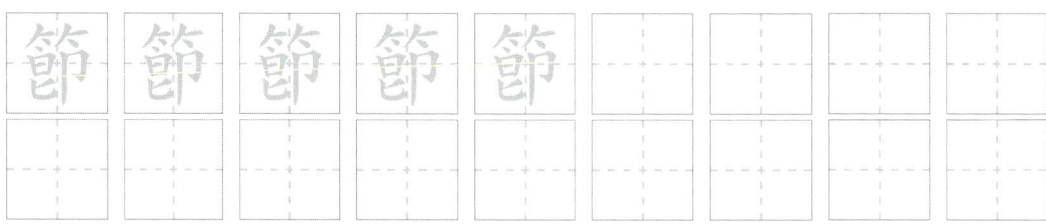

출제 단어
節約(절약) : 아껴 씀.
時節(시절) : 사람의 한평생을 나는 한동안.

빈칸 채우기
名____(명절)이 되면 성묘를 가는 차들로 도로가 붐빈다.
윗사람에게는 禮____(예절)을 지켜야 한다.

☐

店
가게 점

집(广)을 차지(占)하여 쓰니 **가게**의 주인이다.

총 8획 부 广 店店店店店店店店

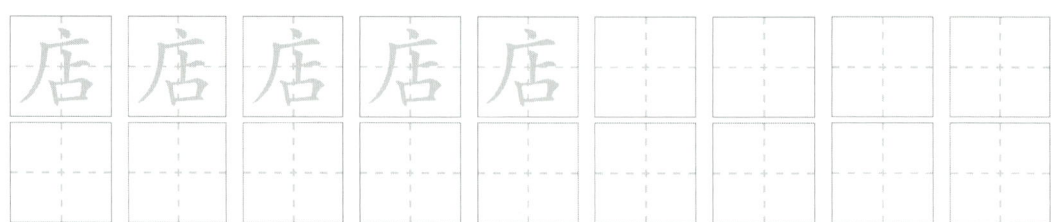

출제 단어
店主(점주) : 가게 주인.
商店(상점) : 설비를 갖추어 놓고 물건을 파는 가게의 총칭.

빈칸 채우기
書____(서점)에 갔더니 읽고 싶은 책들이 너무 많았다.
그 가게는 10시에 開____(개점)한다.

25일 완성 **23**일째

停 머무를 정 (5급)

사람(亻)이 정자(亭)를 찾아 잠시 **머무르며** 쉰다.

- 동의자: 留 머무를 류
- 비슷한 한자: 亭 정자 정

총 11획 부 亻 停 停 停 停 停 停 停 停 停 停

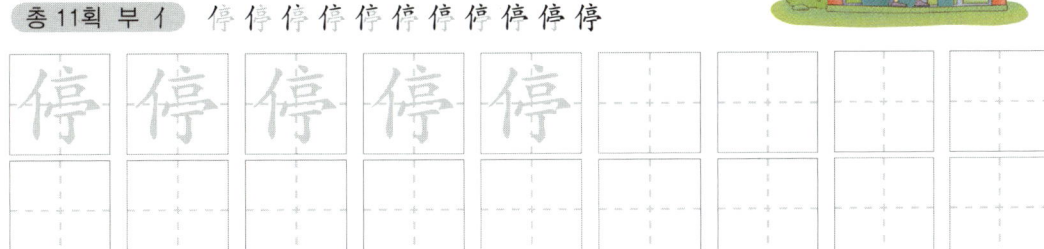

출제 단어
- 急停車(급정거) : 차가 급히 섬.
- 停學(정학) : 학교의 규칙을 위반했을 경우 등교를 얼마간 정지시키는 것.

빈칸 채우기
- 신호가 바뀌자 버스가 횡단보도를 지나 ＿＿車(정차)했다.
- 한여름에는 전기 사용이 많아 가끔씩 ＿＿電(정전)이 된다.

情 뜻 정 (5급)

푸르고(青) 깨끗한 마음(忄) 속에는 고매한 **뜻**이 있다.

- 동의자: 意 뜻 의   志 뜻 지

총 11획 부 忄 情 情 情 情 情 情 情 情 情 情

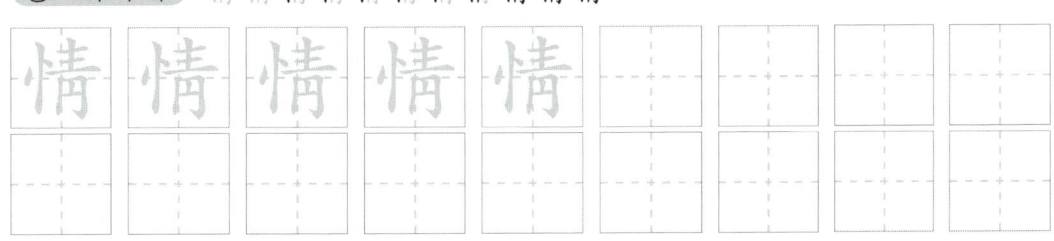

출제 단어
- 情熱(정열) : 불이 일 듯 맹렬하게 일어나는 감정.
- 溫情(온정) : 따뜻한 정, 마음.

빈칸 채우기
- 感＿＿(감정)이 너무 앞서 일을 그르치고 말았다.
- 선생님의 꾸중을 듣는 동안 表＿＿(표정)이 굳어 있었다.

> 읽기 한자

25일 완성 **23**일째

☐ **5급**

操
잡을 조

복잡한(喿) 마음을 손(扌)으로 바로 잡는다.

동의자
捉 잡을 착 捕 잡을 포 拘 잡을 구

총 16획 부 扌 操 操 操 操 操 操 操 操 操 操 操 操 操

操 操 操 操 操

출제 단어
操心(조심) : 마음을 삼감.
操作(조작) : 기계 등을 움직여 작업함.

빈칸 채우기
이 게임은 ＿＿作(조작)이 어려워 잘 하지 않는다.
나는 수영을 하기 전에 간단히 體＿＿(체조)를 한다.

☐ **5급**

調
고를 조

말(言)한 것이 두루(周) 미치니 **고르게** 퍼진다.

동의자
均 고를 균

반의자
謂 이를 위

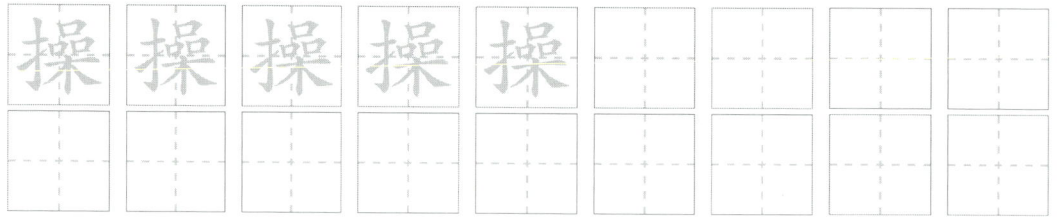

총 15획 부 言 調 調 調 調 調 調 調 調 調 調 調 調 調

調 調 調 調 調

출제 단어
調理(조리) : 건강이 회복되도록 몸을 보살피고 병을 다스림.
調節(조절) : 사물을 정도에 맞추어서 잘 고르게 함.

빈칸 채우기
자료를 ＿＿査(조사)하기 위해 인터넷에 접속했다.
우리 집은 늘 예절을 强＿＿(강조)한다.

확인학습 23회

1. 다음 漢字語의 讀音을 쓰시오.

(1) 原因 (   )   (2) 藥材 (   )   (3) 赤外線 (   )

(4) 切親 (   )   (5) 感情 (   )   (6) 調査 (   )

2. 다음 漢字의 訓과 音을 쓰시오.

(1) 任 (   )   (2) 再 (   )   (3) 災 (   )

(4) 爭 (   )   (5) 的 (   )   (6) 傳 (   )

(7) 節 (   )   (8) 店 (   )   (9) 停 (   )

(10) 典 (   )   (11) 操 (   )   (12) 赤 (   )

3. 다음 漢字의 部首를 쓰세요.

(1) 災 (   )

(2) 情 (   )

(3) 操 (   )

4. 다음 漢字의 讀音을 보고 漢字를 쓰시오.

(1) 재산 (   )   (2) 저금 (   )

(3) 발전 (   )   (4) 조심 (   )

> 읽기 한자

☐ 5급

卒
마칠·군사 **졸**

십여(十)명의 사람(人)들이 머리에 같은 모자(亠)를 쓰고 있으니 **군사**이다.

동의자
兵군사 병 終마칠 종

총 8획 부 十   卒 卒 卒 卒 卒 卒 卒 卒

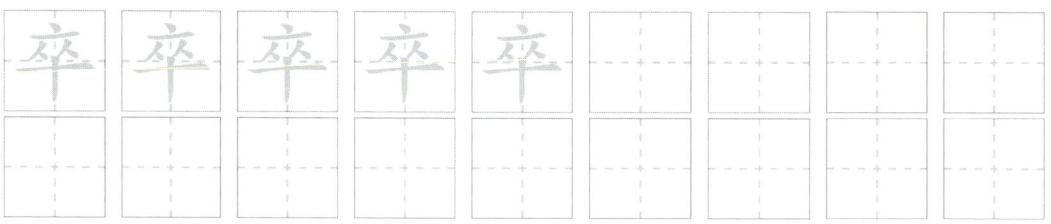

출제
단어
卒業(졸업) : 수업이 끝나고 일정한 규정의 학업을 마침.
卒然(졸연) : 별안간. 갑자기.

빈칸
채우기
입학한 것이 엊그제 같은데 벌써 ____業(졸업)이다.
이순신 장군은 적은 軍____(군졸)을 이끌고 전투에서 크게 승리했다.

☐ 5급

終
마칠 **종**

바느질(糸)은 추운 겨울(冬)이 오기 전에 **마쳐야** 한다.

동의자
末끝 말 端끝 단

총 11획 부 糸   終 終 終 終 終 終 終 終 終

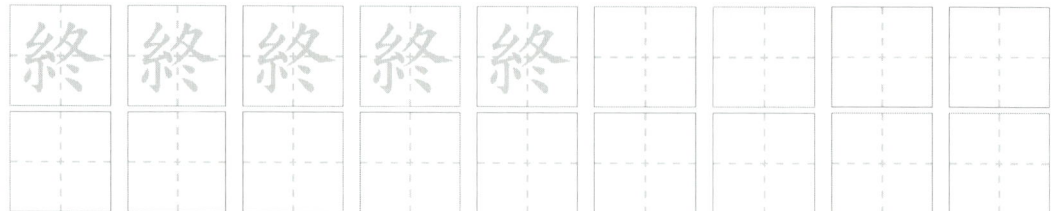

출제
단어
始終(시종) : 처음과 마지막.
終戰(종전) : 전쟁이 끝남.

빈칸
채우기
몸이 아파서 하루 ____日(종일) 침대에 누워 있었다.
범인은 始____(시종) 모른다는 말만 했다.

25일 완성 **24**일째

□ 5급

種
씨 **종**

벼(禾)는 잘 여물고 무거운(重) 것을 **종자**로 쓴다.

비슷한 한자
鍾 쇠북 종

총 14획 부 禾   種種種種種種種種種種種種種種

출제 단어
種族(종족) : 겨레붙이.
業種(업종) : 직업이나 영업의 종류.

빈칸 채우기
같은 ____類(종류)의 물건들을 모아 정리한다.
볶음밥을 할 때 各____(각종) 채소들을 잘게 썰어서 넣으면 더 맛있다.

□ 5급

罪
허물 **죄**

그른(非) 짓을 한 사람을 법망(罒)에 씌워 그 **죄**를 묻는다.

동의자
過 지날 과

총 13획 부 罒   罪罪罪罪罪罪罪罪罪罪罪罪罪

출제 단어
罪惡(죄악) : 죄가 될 만한 악한 것.
罪人(죄인) : 죄를 지은 사람.

빈칸 채우기
나쁜 짓을 하지 않았지만 ____人(죄인)으로 몰려 억울했다.
아버지는 아들의 無____(무죄)를 증명하기 위해 노력했다.

> 읽기 한자

☐ **5급**

州
고을 주

물(川)을 끼고 그 가운데 땅이 있으니 고을이다.

동의자
郡 고을 군   邑 고을 읍

총 6획 부 川   州 州 州 州 州 州

출제 단어
州境(주경) : 주의 경계.
州郡(주군) : 주와 군을 아울러 이르는 말.

빈칸 채우기
전라도 지역에는 光____(광주)와 全____(전주)가 광역시이다.
지구는 오대양 六大____(육대주)로 이루어져있다.

☐ **5급**

週
주일 주

두루(周) 돌아가서(辶) 한 바퀴, 한 주를 의미한다.

비슷한 한자
周 두루 주

총 12획 부 辶   週 週 週 週 週 週 週 週 週 週

출제 단어
週間(주간) : 한 주일 동안.
每週(매주) : 각 주. 주마다.

빈칸 채우기
____末(주말)이지만 할 일이 없어 잠만 자고 있다.
今____(금주)에는 수학여행이 있어 기대가 된다.

25일 완성 **24**일째

5급 止 그칠 지

발바닥의 모양을 본뜬 글자로 **그치다**의 뜻이다.

동의자 停머무를 정

총 4획 부 止   止 止 止 止

출제단어
止住(지주) : 머물러 삶.
中止(중지) : 중도에서 못하게 함.

빈칸 채우기
갑자기 불이 꺼지는 바람에 공연이 中____(중지)되었다.
신호등이 빨간 불일 때는 停____(정지)해야 한다.

5급 知 알 지

말(口)하는 것은 화살(矢)처럼 쏜살같이 빨리 **알아**듣는다.

동의자 識알 식

총 8획 부 矢   知 知 知 知 知 知 知

출제단어
知識(지식) : 어떤 대상에 대하여 배우거나 실천을 통하여 알게 된 명확한 인식이나 이해.
知人(지인) : 아는 사람의 됨됨이를 알아봄.

빈칸 채우기
우리 집은 큰집이어서 명절이 되면 親____(친지)들이 많이 온다.
게시판에 시험 일자가 公____(공지)되었다.

> 읽기 한자

5급 質 바탕 질

물건(貝)을 높이 쌓을 때 다듬이돌 같은 것을 밑에서 바치는 것을 **바탕**이라고 한다.

동의자
本 근본 본

총 15획 부 貝 質質質質質質質質質質質質質質質

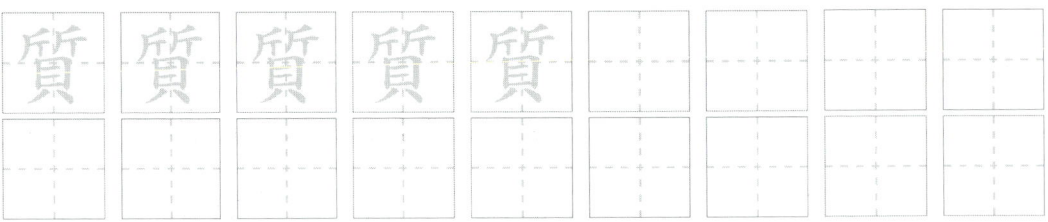

출제단어
質問(질문) : 모르거나 의심나는 것을 물어서 밝힘.
體質(체질) : 몸의 성질.

빈칸채우기
수업이 끝났지만 아이들의 ____問(질문)은 계속되었다.
물은 얼면 부피가 커지는 性____(성질)이 있다.

5급 着 붙을 착

양(羊)떼들이 의좋게 서로 쳐다보며 (目) **붙어** 다닌다.

동의자 到 이를 도
반의자 發 쏠·필 발
비슷한 한자 差 다를 차

총 12획 부 目 着着着着着着着着着着着着

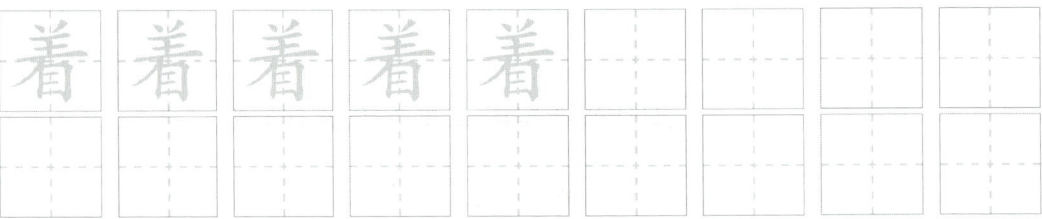

출제단어
着手(착수) : 어떤 일에 손을 댐. 시작함.
定着(정착) : 일정한 곳에 자리를 잡아 붙박이로 있거나 머물러 삶.

빈칸채우기
뒷사람이 잘 안 보이니 ____席(착석)해 주세요.
공항에 到____(도착)하니 엄마가 마중을 나와 있었다.

25일 완성 **24**일째

参 참여할 참 / 석 삼 (5급)

사람(人)의 머리(彡) 위 하늘에 세 개의 별(厶)이 오리온자리에 나란히 **참여**하고 있다.

동의자: 三 석 삼
비슷한 한자: 慘 비참할 참

총 11획 부 厶

출제단어
- 參見(참견) : 남의 일에 간섭함.
- 參考(참고) : 살펴서 생각함.

빈칸 채우기
- 대회에 ____加(참가)하고 싶었지만 자격이 되지 않았다.
- 우리 가족의 문제에 ____見(참견)하지 마세요.

唱 부를 창 (5급)

입(口)으로 아름다운 소리를 나타내(昌) 노래 **부른다**.

동의자: 歌 노래 가
비슷한 한자: 昌 창성할 창

총 11획 부 口

출제단어
- 唱歌(창가) : 곡조에 맞춰 노래함.
- 名唱(명창) : 뛰어나게 노래를 잘 부름.

빈칸 채우기
- 장기자랑에서 우리 반은 合____(합창)을 하기로 했다.
- 가수 중에는 歌____力(가창력)이 부족한 사람도 있다.

> 읽기 한자

5급

꾸짖을 **책**

재물(貝)은 주인(主)이 관리할 **책임**이 있다.

동의자: 叱 꾸짖을 질
비슷한 한자: 債 빚 채

총 11획 부 貝 責責責責責責責責責責責

출제 단어
責望(책망) : 책임과 의무.
責任感(책임감) : 맡은 임무를 중요하게 여기는 마음.

빈칸 채우기
이 일의 실패에는 내 ___任(책임)이 크다.
시험에 떨어졌다고 너무 自___(자책)하지 마라.

5급

쇠 **철**

왕(王)의 명령으로 비로소(哉) 드러나는 금속(金)이니 **쇠**이다.

동의자: 金 쇠 금

총 21획 부 金 鐵鐵鐵鐵鐵鐵鐵鐵鐵鐵鐵鐵鐵鐵鐵鐵鐵

출제 단어
鐵物(철물) : 쇠로 만든 온갖 물건.
鐵人(철인) : 몸이나 힘이 무쇠처럼 강한 사나이.

빈칸 채우기
비오는 날에는 버스보다 地下___(지하철)이 더 빠르다.
기차가 ___路(철로) 위를 미끄러지듯 달리고 있다.

25일 완성 **24**일째

初 처음 초 (5급)

옷(衤)감을 칼(刀)로 자르는 것은 옷을 만들 때 **처음, 초기**에 하는 일이다.

- 동의자: 始 비로소 시
- 반의자: 終 마칠 종 了 마칠 료

총 7획 부 刀

初 初 初 初 初 初 初

출제 단어
- 初步(초보) : 걸어갈 때의 첫 걸음.
- 最初(최초) : 맨 처음.

빈칸 채우기
_____面(초면)에 실례를 범했습니다.
이모는 면허를 취득한지 얼마 안 된 _____步(초보)운전자다.

最 가장 최 (5급)

전쟁에서 위험을 무릅쓰고(日) 적의 귀(耳)를 잘라(又) 오는 것은 **가장** 큰 모험이다.

- 비슷한 한자: 聖 성인 성

총 12획 부 日

最 最 最 最 最 最 最 最 最 最 最 最

출제 단어
- 最善(최선) : 극진히 노력함.
- 最高(최고) : 가장 높음. 으뜸인 것.

빈칸 채우기
그 선수는 _____高(최고)가 되기 위해 열심히 노력했다.
거북선은 세계 _____初(최초)의 철갑선이다.

> 읽기 한자

5급 祝 빌 축

사람(儿)이 귀신(示)에게 말하니(口) **빌다**.

동의자: 祈 빌 기

총 10획 부 示   祝 祝 祝 祝 祝 祝 祝 祝 祝 祝

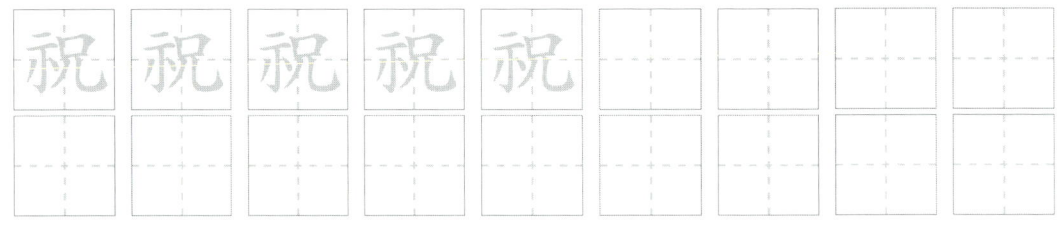

출제단어:
祝典(축전) : 축하하는 의식.
祝歌(축가) : 축하하는 뜻으로 부르는 노래.

빈칸 채우기:
두 사람은 많은 사람들의 ____福(축복)을 받으며 결혼했다.
선수들은 승리를 自____(자축)하며 기쁨의 눈물을 흘렸다.

5급 充 채울 충

머리(亠)에 믿는(允) 마음이 있으니 **가득하다**.

동의자: 滿 찰 만
비슷한 한자: 允 맏 윤

총 6획 부 儿    充 充 充 充 充 充

출제단어:
充當(충당) : 모자라는 것을 채워 메움.
充足(충족) : 넉넉하여 모자람이 없음.

빈칸 채우기:
잠을 ____分(충분)히 자지 않으면 건강에 좋지 않다.
이 건전지는 ____電(충전)해서 다시 사용할 수 있다.

25일 완성 **24**일째

5급

致
이를 **치**

목적에 이르도록(至) 힘써(攵) 노력한다.

동의자 至 이를 지 到 이를 도

총 10획 부 攵

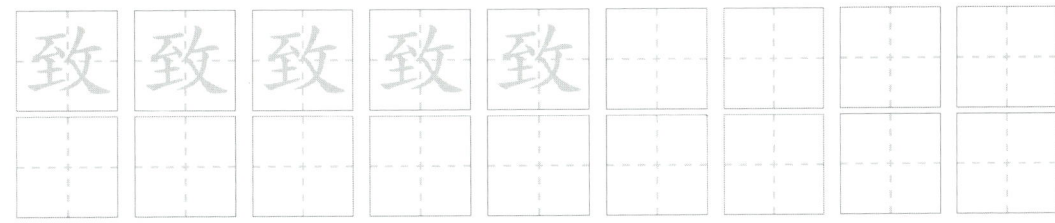

출제 단어
致死(치사) : 죽음에 이르게 함.
景致(경치) : 산이나 들, 강, 바다 따위의 자연이나 지역의 풍경.

빈칸 채우기
산 정상에서 내려다보는 景＿＿(경치)는 장관이었다.
의견이 一＿＿(일치)되지 않아 몇 시간째 토론만 하고 있다.

5급

則
법칙 **칙** / 곧 **즉**

재산(貝)을 싸움(刂)없이 나누려면 법도가 있어야 한다.

동의자 規 법 규 律 법칙 률

총 9획 부 刂

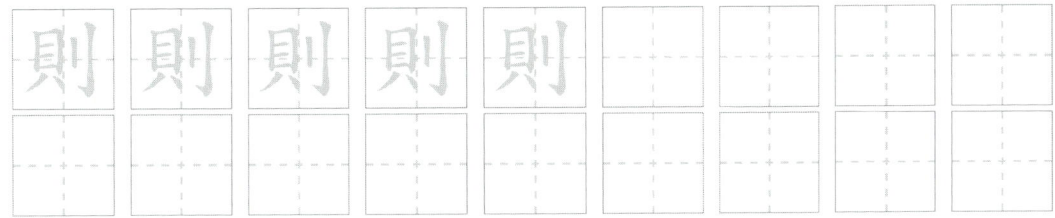

출제 단어
規則(규칙) : 여러 사람이 다 같이 지키기로 한 법칙.
會則(회칙) : 모임의 규칙.

빈칸 채우기
規＿＿的(규칙적)인 생활은 건강에 좋다.
反＿＿(반칙)으로 이기는 것은 아무런 의미가 없다.

확인학습 24회

1. 다음 漢字語의 讀音을 쓰시오.

   (1) 週間 (　　　)　　(2) 停止 (　　　)　　(3) 卒業 (　　　)

   (4) 性質 (　　　)　　(5) 參考 (　　　)　　(6) 祝福 (　　　)

2. 다음 漢字의 訓과 音을 쓰시오.

   (1) 種 (　　　)　　(2) 罪 (　　　)　　(3) 州 (　　　)

   (4) 着 (　　　)　　(5) 唱 (　　　)　　(6) 責 (　　　)

   (7) 鐵 (　　　)　　(8) 初 (　　　)　　(9) 充 (　　　)

   (10) 致 (　　　)　　(11) 最 (　　　)　　(12) 質 (　　　)

3. 다음 漢字의 部首를 쓰세요.

   (1) 罪 (　　　)

   (2) 初 (　　　)

   (3) 鐵 (　　　)

4. 다음 漢字의 讀音을 보고 漢字를 쓰시오.

   (1) 종결 (　　　)　　(2) 지식 (　　　)

   (3) 최후 (　　　)　　(4) 규칙 (　　　)

> 읽기 한자

25일 완성 **25**일째

□ 5급

他
다를 **타**

뱀(也)을 대하듯 보기 싫은 사람(亻)은 **다르게** 생겼다.

반의자 自 스스로 자
비슷한 한자 地 땅 지

총 5획 부 亻   他 他 他 他 他

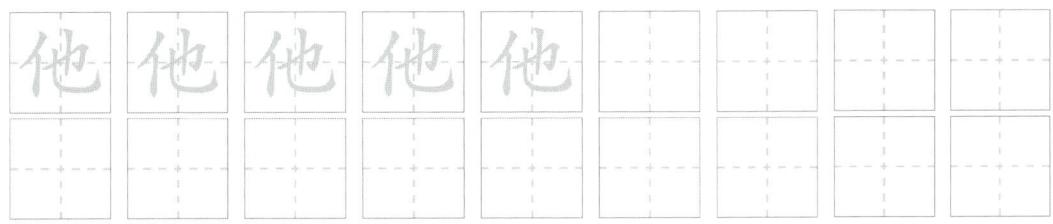

출제 단어
他人(타인) : 다른 사람. 남.
他地(타지) : 다른 지방이나 지역.

빈칸 채우기
_____ 國(타국)에서의 생활은 언제나 힘들다.
이 지역은 其_____(기타) 지역보다 살기가 편하다.

□ 5급

打
칠 **타**

손(扌)으로 못(丁)을 박을 때는 망치로 **친다**.

동의자 擊 칠 격

총 5획 부 扌   打 打 打 打 打

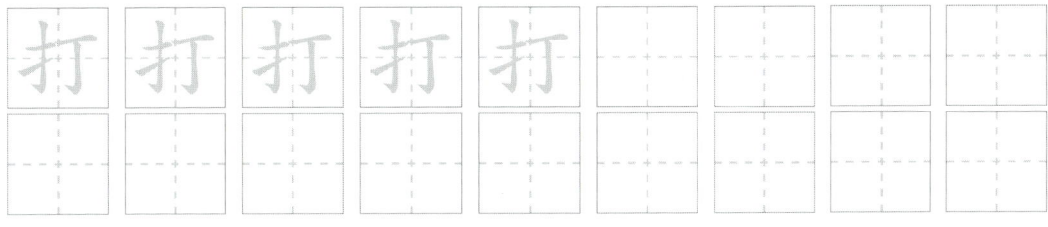

출제 단어
打作(타작) : 곡식의 알을 떨어서 그 알을 거두는 일.
安打(안타) : 야구에서 수비수의 실책 없이 타자가 한 베이스 이상을 갈 수 있게 공을 침.

빈칸 채우기
_____ 者(타자)가 투수가 던진 공에 맞아 쓰러졌다.
지진이 强_____(강타)한 도시는 폐허로 변했다.

> 읽기 한자

5급

卓
높을 탁

새벽(早)의 해는 위(上)로 올라가니 **높아** 보인다.

동의자 高높을고   **반의자** 底밑저

총 8획 부 十   卓 卓 卓 卓 卓 卓 卓 卓

출제 단어
食卓(식탁) : 음식을 차려 놓고 둘러앉아 먹게 만든 탁자.
卓見(탁견) : 뛰어난 의견.

빈칸 채우기
어제는 너무 피곤해서 잠자는 동안 ＿＿＿上(탁상) 시계가 울리는 소리도 못 들었다.
우리 집은 食＿＿＿(식탁)에서 밥을 먹는다.

5급

炭
숯 탄

산언덕에서 나무에 불(火)을 지펴 **숯**을 만든다.

비슷한 한자 灰재 회

총 9획 부 火   炭 炭 炭 炭 炭 炭 炭 炭 炭

출제 단어
木炭紙(목탄지) : 목탄화를 그리기에 알맞게 만든 여러 가지 빛깔의 종이.
石炭(석탄) : 땅 속에 매장된 연료.

빈칸 채우기
화력발전소는 石＿＿＿(석탄)을 이용하여 전기를 생산한다.
바나나는 다른 과일에 비해 ＿＿＿水化物(탄수화물)이 많다.

25일 완성 **25**일째

宅

5급

집 **택·댁**

몸을 의지하고(乇) 사는 곳(宀)이 집이다.

동의자
戶 집 호

총 6획 부 宀   宅宅宅宅宅宅

출제단어
宅地(택지) : 집터. 집을 지을 땅.
家宅(가택) : 사람이 살고 있는 집.

빈칸채우기
나는 아담한 정원이 있는 住____(주택)에서 살고 있다.
병에 걸린 선생님은 自____(자택)에 머물며 치료를 받고 있다.

板

5급

널 **판**

통나무(木)를 아래위로 뒤집어(反) 켠 것이 널조각이다.

비슷한 한자
版 판목 판

총 8획 부 木   板板板板板板板板

출제단어
板書(판서) : 칠판에 분필로 글씨를 씀.
馬板(마판) : 마굿간의 바닥에 깔아 놓은 널빤지.

빈칸채우기
이 도시는 곳곳에 관광 案內____(안내판)이 있어서 편리하다.
영어로 컴퓨터의 字____(자판)을 외우는 것은 쉽지 않다.

> 읽기 한자

5급

敗
패할 패

물건(貝)이 부딪쳐(攵) 깨어지듯 싸움에서 지는 것이 **패하는** 것이다.

동의자 北북녘 북/ 달아날 배
반의자 勝이길 승

총 11획 부 攵   敗 敗 敗 敗 敗 敗 敗 敗 敗 敗

출제 단어
敗德(패덕) : 도덕과 의리를 그르침.
失敗(실패) : 일에 성공하지 못하고 망함.

빈칸 채우기
勝____(승패)와 상관없이 최선을 다하고 싶다.
한 번의 失____(실패)로 너무 기죽을 필요는 없다.

5급

品
물건 품

여러 입(口)으로 말하니 **물건**을 평하는 것이다.

동의자 物물건 물 件물건 건

총 9획 부 口   品 品 品 品 品 品 品 品 品

출제 단어
品質(품질) : 물품과 성질.
美術品(미술품) : 그림, 조각, 공예 따위의 작품.

빈칸 채우기
우리나라 전자제품의 ____質(품질)이 나날이 발전하고 있다.
사야 할 ____目(품목)을 정하지 않고 마트에 가면 쓸데없는 것까지 사게 된다.

25일 완성 **25**일째

☐ 5급 **必**

반드시 **필**

마음(心)에 말뚝(丿)을 치듯이 **반드시** 결의한다.

동의자: 須 모름지기 수
비슷한 한자: 心 마음 심

총 5획 부 心   必 必 必 必 必

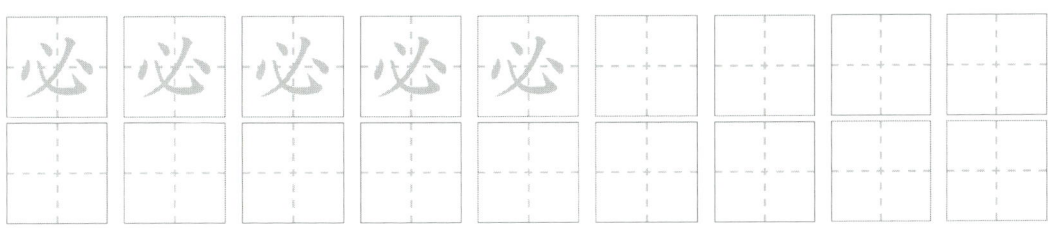

출제단어:
期必(기필) : 꼭 이루기를 기약함.
想必(상필) : 생각하건대 반드시.

빈칸 채우기:
우리 부모님은 공부에 ＿＿＿要(필요)하다면 무엇이든 해 주신다.
그 선수는 인터뷰에서 ＿＿＿勝(필승)을 다짐했다.

☐ 5급 **筆**

붓 **필**

대나무(竹) 자루로 만든 **붓**(聿)으로 글씨를 쓴다.

동의자: 毫 붓 호

총 12획 부 竹   筆 筆 筆 筆 筆 筆 筆 筆 筆 筆

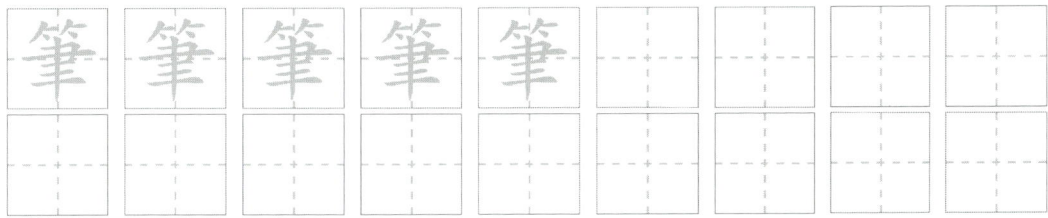

출제단어:
筆寫(필사) : 베껴 씀.
筆舌(필설) : 붓과 혀. 곧 글과 말.

빈칸 채우기:
한자는 ＿＿＿順(필순)을 익히는 것이 어렵다.
한석봉은 어머니의 가르침을 깨달은 후 名＿＿＿(명필)이 되었다.

> 읽기 한자

☐
5급

물 하

물(氵)은 순리(可)에 따라 흘러 **강**을 이룬다.

동의자 水 물 수 반의자 山 메 산

총 8획 부 氵 河河河河河河河河

출제 단어
江河(강하) : 강과 하천.
苦河(고하) : 한이 없는 고통의 세계라는 뜻으로 '인간 세상'을 비유하는 말.

빈칸 채우기
아무 생각 없이 ＿＿＿川(하천)을 따라 걷다 보니 어느새 저녁이 되었다.
지구온난화의 속도가 빠를수록 氷＿＿＿(빙하)가 녹는 속도도 빨라진다.

☐
5급

찰 한

움집의 틈 사이로 바람이 들어오니 얼음(冫)같이 **차다**.

동의자 冷 찰 랭 반의자 暖 따뜻할 난 溫 따뜻할 온

총 12획 부 宀 寒寒寒寒寒寒寒寒寒寒寒寒

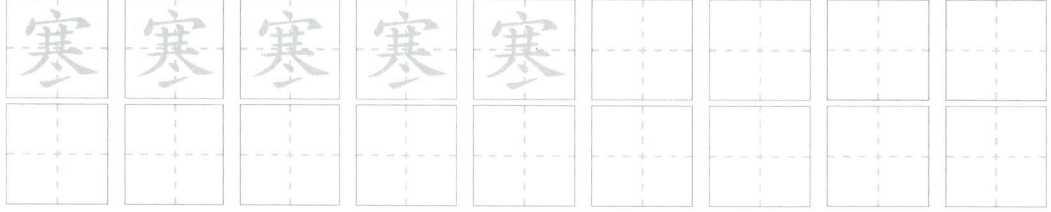

출제 단어
寒冷(한랭) : 몹시 추움.
冬寒(동한) : 겨울의 추위.

빈칸 채우기
밤에 문을 열고 잤더니 ＿＿＿氣(한기)가 들어 감기에 걸리고 말았다.
겨울의 ＿＿＿冷(한랭)한 바람에 나뭇잎들이 우수수 떨어지고 있다.

25일 완성 **25**일째

害 해할 해 (5급)

손(手)이나 입(口)을 잘못 놀리면 집(宀)에 해가 돌아온다.

- 동의자: 損 덜 손
- 반의자: 利 이할 리
- 비슷한 한자: 割 벨 할

총 10획 부 宀 害害害害害害害害害害

출제 단어
- 公害(공해) : 연기, 더러운 물, 악취, 가스, 소음 등 대중의 위생 환경을 해치는 일.
- 害惡(해악) : 해로움과 악함.

빈칸 채우기
- 인터넷에는 청소년에게 有____(유해)한 내용도 많아 사용에 주의가 필요하다.
- 국가는 災____(재해)를 예방하고 국민들을 보호하기 위해 노력해야 한다.

許 허락할 허 (5급)

말(言)로써 서로 합치되니(午) 허락하는 것이다.

- 동의자: 諾 허락할 낙

총 11획 부 言 許許許許許許許許許許許

출제 단어
- 許多(허다) : 매우 많음.
- 不許(불허) : 허락하지 않음.

빈칸 채우기
- 이 건물에는 ____可(허가)를 받지 않으면 들어올 수 없습니다.
- 담당자가 아니면 사용을 不____(불허)합니다.

> 읽기 한자

☐ 5급

湖
호수 **호**

물(氵)이 오랜(古) 세월(月) 동안 괴 있으니 **호수**이다.

비슷한 한자
胡 되 호

총 12획 부 氵   湖湖湖湖湖湖湖湖湖湖湖湖

출제 단어
湖南(호남) : 전라남북도를 일컫는 말.
湖上(호상) : 호수 위.

빈칸 채우기
잔잔한 ＿＿水(호수)의 물결을 보니 내 마음도 진정되었다.
가뭄을 예방하기 위해 거대한 人工＿＿(인공호)가 만들어졌다.

☐ 5급

化
될 **화**

사람(亻)이 거꾸러져 죽으니(匕) **변했**다.

비슷한 한자
北 북녘 북/달아날 배

총 4획 부 匕   化化化化

출제 단어
化身(화신) : 형체를 달리하여 세상에 나타난 몸.
改化(개화) : 악을 버리고 선을 좇음.

빈칸 채우기
체력 强＿＿(강화)를 위해 등산을 하고 있다.
외국의 文＿＿(문화)를 체험하기 위해 유학을 떠났다.

25일 완성 **25**일째

□ 5급

患
근심 **환**

꿰뚫린(串) 듯이 고통스러운 마음(心)을 근심이라고 한다.

동의자
憂근심 우 愁근심 수

총 11획 부 心   患患患患患患患患患患患

출제단어
患部(환부) : 병이나 상처가 난 곳.
患者(환자) : 병을 앓는 사람.

빈칸채우기
의사는 ＿＿＿者(환자)를 진찰하기 위해 청진기를 들었다.
수술을 받은 후 아버지의 病＿＿＿(병환)이 서서히 좋아지고 있다.

□ 5급

效
본받을 **효**

회초리로 맞으며(攵) 자란 친구를 사귀면(交) 본받을 것이 많다.

비슷한 한자
敎가르칠 교

총 10획 부 攵   效效效效效效效效效效

출제단어
效果(효과) : 보람으로 나타나는 좋은 결과.
無效(무효) : 효력이 없음.

빈칸채우기
약의 ＿＿＿力(효력)이 떨어지자 몸이 다시 아파 왔다.
몸에 좋다는 약은 다 먹었지만 전혀 ＿＿＿果(효과)가 없었다.

> 읽기 한자

25일 완성 **25**일째

5급

흉할 **흉**

빈 그릇(凵)에 금이 갔으니 **흉하게** 보인다.

동의자
禍 재앙 화   災 재앙 재

반의자
吉 길할 길   福 복 복

총 4획 부 凵   ㄴ ㄨ 凶 凶

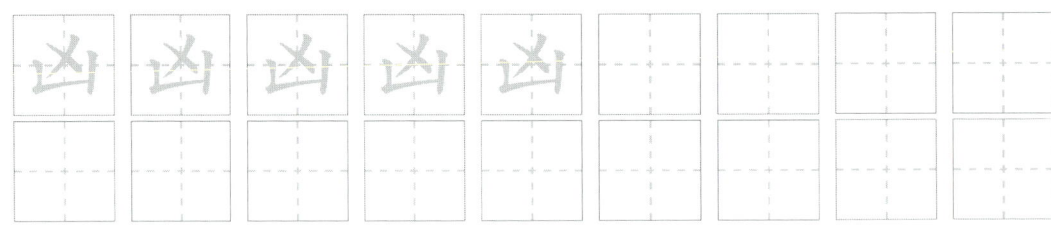

출제 단어
內凶(내흉) : 속으로 엉큼함.
凶惡(흉악) : 음흉하고 모진 성질이나 짓. 성질이 거칠고 사나움.

빈칸 채우기
올해는 ___年(흉년)이 들어 채소 값이 비싸다.
아직도 시골에는 버려진 ___家(흉가)가 많다.

5급

검을 **흑**

불(炎)을 땔 때 굴뚝(四)이 그을려 **검다.**

반의자
白 흰 백

비슷한 한자
墨 먹 묵

총 12획 부 黑   黑 黑 黑 黑 黑 黑 黑 黑 黑 黑 黑

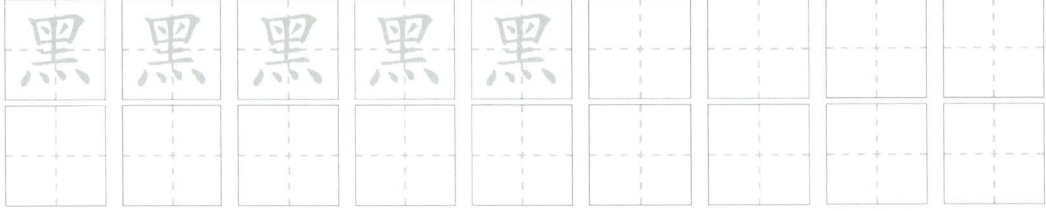

출제 단어
黑白(흑백) : 검은빛과 흰빛. 잘잘못이나 옳고 그름.
黑心(흑심) : 음흉하고 부정한 마음.

빈칸 채우기
한때는 ___白(흑백) 텔레비전도 귀한 시절이 있었다.
오바마 대통령은 미국 최초의 ___人(흑인) 대통령이다.

확인학습 25회

1. 다음 漢字語의 讀音을 쓰시오.

(1) 強打 (   )   (2) 卓球 (   )   (3) 勝敗 (   )

(4) 必要 (   )   (5) 進化 (   )   (6) 吉凶 (   )

2. 다음 漢字의 訓과 音을 쓰시오.

(1) 他 (   )   (2) 炭 (   )   (3) 板 (   )

(4) 品 (   )   (5) 筆 (   )   (6) 河 (   )

(7) 害 (   )   (8) 許 (   )   (9) 湖 (   )

(10) 黑 (   )   (11) 寒 (   )   (12) 敗 (   )

3. 다음 漢字의 部首를 쓰세요.

(1) 打 (   )

(2) 必 (   )

(3) 黑 (   )

4. 다음 漢字의 讀音을 보고 漢字를 쓰시오.

(1) 택배 (   )   (2) 삼한사온 (   )

(3) 효과 (   )   (4) 병환 (   )

확인학습 정답

1회 정답

1.
(1) 군가   (2) 감정
(3) 개방   (4) 합계
(5) 고전   (6) 공명

2.
(1) 집 가   (2) 뿔 각
(3) 강할 강   (4) 서울 경
(5) 예 고   (6) 높을 고
(7) 장인 공   (8) 각각 각
(9) 사이 간   (10) 강 강
(11) 수레 거·차   (12) 지경 계

3.
(1) 言   (2) 門
(3) 氵(水)

4.
(1) 共有   (2) 強直
(3) 公正   (4) 計算

2회 정답

1.
(1) 공백   (2) 교생
(3) 지구   (4) 초근
(5) 급수   (6) 원근

2.
(1) 실과·열매 과 (2) 빛 광
(3) 학교 교   (4) 구분할·지경 구
(5) 나라 국   (6) 군사 군
(7) 이제 금   (8) 급할 급
(9) 과목 과   (10) 고을 군
(11) 사귈 교   (12) 쇠 금/성 김

3.
(1) 乙   (2) 辶(走)
(3) 王

4.
(1) 發光   (2) 郡民
(3) 近代   (4) 特急

3회 정답

1.
(1) 생기   (2) 가내
(3) 농사   (4) 정답
(5) 대화   (6) 고도

2.
(1) 기 기   (2) 많을 다
(3) 짧을 단   (4) 해·나이 년
(5) 기록할 기   (6) 집 당
(7) 기다릴 대   (8) 그림 도
(9) 대신할 대   (10) 길 도
(11) 남녘 남   (12) 계집 녀

3.
(1) 言   (2) 口
(3) 广

4.
(1) 地圖   (2) 聖堂
(3) 長短   (4) 男學生

4회 정답

1.
(1) 속독   (2) 평등
(3) 예문   (4) 선두
(5) 도로   (6) 청록

2.
(1) 아이 동   (2) 즐길 락/노래악
              /좋아할 요
(3) 예도 례   (4) 겨울 동
(5) 올 래   (6) 움직일 동
(7) 오를 등   (8) 동녘 동
(9) 늙을 로   (10) 이로울 리
(11) 푸를 록   (12) 골 동/밝을 통

3.
(1) 竹   (2) 頁
(3) 老

4.
(1) 童話   (2) 先頭
(3) 禮服   (4) 便利

5회 정답

1.
(1) 이화   (2) 발명
(3) 주목   (4) 신문
(5) 미식   (6) 생명

2.
(1) 다스릴 리   (2) 일만 만
(3) 이름 명   (4) 물을 문
(5) 마을 리   (6) 낯 면
(7) 수풀 림   (8) 글월 문
(9) 물건 물   (10) 어머니 모
(11) 나무 목   (12) 매양 매

3.
(1) 日   (2) 耳
(3) 牛

4.
(1) 理由   (2) 每日

확인학습 정답

(3) 名門　(4) 國有林

6회 정답

1.
(1) 소박　(2) 반동
(3) 발견　(4) 번호
(5) 복종　(6) 본성

2.
(1) 아름다울 미　(2) 반 반
(3) 백성 민　(4) 놓을 방
(5) 나눌·다를 별　(6) 떼·거느릴 부
(7) 북녘 북　(8) 나눌 반
(9) 일백 백　(10) 병 병
(11) 지아비 부　(12) 흰 백

3.
(1) 白　(2) 匕
(3) 羊

4.
(1) 美女　(2) 問病
(3) 班長　(4) 放學

7회 정답

1.
(1) 분업　(2) 사용
(3) 서신　(4) 사후
(5) 출석　(6) 노선

2.
(1) 아닐 불·부　(2) 일 사
(3) 셈 산　(4) 빛 색
(5) 돌 석　(6) 모일 사
(7) 날 생　(8) 먼저 선
(9) 메 산　(10) 저녁 석
(11) 넉 사　(12) 윗 상

3.
(1) 竹　(2) 曰
(3) 儿

4.
(1) 社長　(2) 石油
(3) 色紙　(4) 電算

8회 정답

1.
(1) 성과　(2) 소화
(3) 급속　(4) 반성
(5) 미술　(6) 승리

2.
(1) 성 성　(2) 적을 소
(3) 손자 손　(4) 셈 수
(5) 눈 설　(6) 익힐 습
(7) 나무 수　(8) 비로소 시
(9) 바 소　(10) 인간·세대 세
(11) 저자 시　(12) 물 수

3.
(1) 雨　(2) 戈
(3) 行

4.
(1) 大雪　(2) 孫子
(3) 風習　(4) 始作

9회 정답

1.
(1) 서식　(2) 신용
(3) 신체　(4) 애인
(5) 약체　(6) 석양

2.
(1) 때 시　(2) 새 신
(3) 잃을 실　(4) 큰바다 양
(5) 심을 식　(6) 밤 야
(7) 약 약　(8) 귀신 신
(9) 집·방 실　(10) 밥·먹을 식
(11) 편안 안　(12) 들 야

3.
(1) 示　(2) 心
(3) 氵(水)

4.
(1) 新世界　(2) 藥草
(3) 野生　(4) 失業

10회 정답

1.
(1) 어학　(2) 온도
(3) 용기　(4) 낙원
(5) 석유　(6) 운동

2.
(1) 업 업　(2) 길 영
(3) 임금 왕　(4) 꽃부리 영
(5) 바깥 외　(6) 오른 우
(7) 멀 원　(8) 낮 오
(9) 말씀 언　(10) 쓸 용
(11) 말미암을 유　(12) 그럴 연

3.
(1) 言　(2) 口
(3) 力

4.
(1) 永遠　(2) 愛用
(3) 理由　(4) 英語

확인학습 정답

11회 정답

1.
(1) 은행 (2) 주의
(3) 기자 (4) 발음
(5) 의복 (6) 작가

2.
(1) 글자 자 (2) 있을 유
(3) 마실 음 (4) 어제 작
(5) 기를 육 (6) 고을 읍
(7) 의원 의 (8) 스스로 자
(9) 은 은   (10) 뜻 의
(11) 소리 음 (12) 놈 자

3.
(1) 月 (2) 邑
(3) 日

4.
(1) 飮食 (2) 意向
(3) 名醫 (4) 昨年

12회 정답

1.
(1) 국장 (2) 영재
(3) 교정 (4) 화제
(5) 왕조 (6) 동족

2.
(1) 마당 장 (2) 온전 전
(3) 번개 전 (4) 긴 장
(5) 차례 제 (6) 아침 조
(7) 앞 전   (8) 할아버지 조
(9) 겨레 족 (10) 왼 좌
(11) 제목·표할 제 (12) 바를 정

3.
(1) 戈 (2) 方
(3) 雨

4.
(1) 現在 (2) 戰車
(3) 安定 (4) 第一

13회 정답

1.
(1) 주간 (2) 문집
(3) 청산 (4) 중력
(5) 초식 (6) 촌로

2.
(1) 임금·주인 주 (2) 땅 지
(3) 푸를 청   (4) 종이 지
(5) 마디 촌   (6) 낮 주
(7) 창 창   (8) 마을 촌
(9) 몸 체   (10) 무거울 중
(11) 곧을 직   (12) 내 천

3.
(1) 日 (2) ﹅
(3) 穴

4.
(1) 注油 (2) 窓門
(3) 體育 (4) 便紙

14회 정답

1.
(1) 태양 (2) 표현
(3) 합계 (4) 청춘
(5) 편안 (6) 한강

2.
(1) 가을 추   (2) 통할 통
(3) 평평할 평 (4) 여름 하
(5) 배울 학   (6) 한국·나라 한
(7) 봄 춘   (8) 바람 풍
(9) 합할 합   (10) 겉 표
(11) 친할 친 (12) 한나라 한

3.
(1) 風 (2) 子
(3) 禾

4.
(1) 親分 (2) 強風
(3) 特色 (4) 交通

15회 정답

1.
(1) 행운 (2) 의향
(3) 신호 (4) 화합
(5) 황금 (6) 가훈

2.
(1) 바다 해 (2) 모양 형
(3) 화할 화 (4) 말씀 화
(5) 효도 효 (6) 뒤 후
(7) 쉴 휴   (8) 꽃 화
(9) 살 활   (10) 누를 황
(11) 이름 호 (12) 다닐 행

3.
(1) 子 (2) 玉
(3) ⺾(艸)

4.
(1) 出現 (2) 東洋畫
(3) 社會 (4) 活動

확인학습 정답

16회 정답

1.
(1) 가격   (2) 선거
(3) 성격   (4) 결과
(5) 경쟁   (6) 사고

2.
(1) 더할 가   (2) 고칠 개
(3) 손 객   (4) 굳셀 건
(5) 격식 격   (6) 결단할 결
(7) 별·경치 경 (8) 가벼울 경
(9) 굳을 고   (10) 생각할 고
(11) 다툴 경 (12) 물건 건

3.
(1) 攵(攴)   (2) 糸
(3) 耂(老)

4.
(1) 過去   (2) 建國
(3) 敬老   (4) 夜景

17회 정답

1.
(1) 광고   (2) 통과
(3) 관절   (4) 가구
(5) 규칙   (6) 기간

2.
(1) 굽을 곡   (2) 볼 관
(3) 다리 교   (4) 구원할 구
(5) 예 구   (6) 귀할 귀
(7) 줄 급   (8) 물끓는 김 기
(9) 터 기   (10) 몸 기
(11) 공부할·과정 과
(12) 법 규

3.
(1) 木   (2) 氵(水)
(3) 攵(攴)

4.
(1) 課題   (2) 廣野
(3) 藥局   (4) 特技

18회 정답

1.
(1) 관념   (2) 화단
(3) 담화   (4) 한반도
(5) 도착   (6) 여로

2.
(1) 길할 길   (2) 둥글 단
(3) 마땅 당   (4) 도울 도
(5) 떨어질 락 (6) 밝을 랑
(7) 찰 랭   (8) 헤아릴 량
(9) 어질 량   (10) 익힐 련
(11) 홀로 독 (12) 큰·덕 덕

3.
(1) 刂(刀)   (2) 山
(3) 冫

4.
(1) 萬能   (2) 美德
(3) 獨身   (4) 歷史

19회 정답

1.
(1) 영토   (2) 육교
(3) 말기   (4) 야망
(5) 무관심 (6) 변화

2.
(1) 하여금 령   (2) 헤아릴 료
(3) 흐를 류   (4) 말 마
(5) 망할 망   (6) 팔 매
(7) 곱 배   (8) 법 법
(9) 군사 병   (10) 받들 봉
(11) 뭍 륙   (12) 바랄 망

3.
(1) 斗   (2) 氵(水)
(3) 示

4.
(1) 勞動   (2) 種類
(3) 競買   (4) 幸福

20회 정답

1.
(1) 학비   (2) 필사
(3) 조사   (4) 재산
(5) 순서   (6) 당선

2.
(1) 견줄 비   (2) 코 비
(3) 생각 사   (4) 섬길 사
(5) 상줄 상   (6) 착할 선
(7) 신선 선   (8) 선비 사
(9) 장사 상   (10) 고울 선
(11) 낳을 산 (12) 서로 상

3.
(1) 鼻   (2) 口
(3) 魚

4.
(1) 氷河   (2) 歷史
(3) 船長   (4) 新鮮

확인학습 정답

21회 정답

1.
(1) 설득 (2) 세차
(3) 숙제 (4) 전시
(5) 아동 (6) 양호

2.
(1) 성품 성 (2) 묶을 속
(3) 머리 수 (4) 알 식/기록할 지
(5) 신하 신 (6) 열매 실
(7) 책상 안 (8) 맺을 약
(9) 고기 어 (10) 억 억
(11) 해 세 (12) 아이 아

3.
(1) 止 (2) 宀
(3) 言

4.
(1) 歲月 (2) 順序
(3) 善惡 (4) 漁夫

22회 정답

1.
(1) 열망 (2) 완승
(3) 해수욕 (4) 한우
(5) 양로원 (6) 운집

2.
(1) 집 옥 (2) 빛날 요
(3) 벗 우 (4) 언덕 원
(5) 원할 원 (6) 구름 운
(7) 자리 위 (8) 비 우
(9) 클 위 (10) 귀 이
(11) 수컷 웅 (12) 목욕할 욕

3.
(1) 尸 (2) 雨
(3) 阝(阜)

4.
(1) 落葉 (2) 重要
(3) 英雄 (4) 元祖

23회 정답

1.
(1) 원인 (2) 약재
(3) 적외선 (4) 절친
(5) 감정 (6) 조사

2.
(1) 맡길 임 (2) 두 재
(3) 재앙 재 (4) 다툴 쟁
(5) 과녁 적 (6) 전할 전
(7) 마디 절 (8) 가게 점
(9) 머무를 정 (10) 법 전
(11) 잡을 조 (12) 붉을 적

3.
(1) 巛(川) (2) 忄(心)
(3) 扌(手)

4.
(1) 財産 (2) 貯金
(3) 發展 (4) 操心

24회 정답

1.
(1) 주간 (2) 정지
(3) 졸업 (4) 성질
(5) 참고 (6) 축복

2.
(1) 씨 종 (2) 허물 죄
(3) 고을 주 (4) 붙을 착
(5) 부를 창 (6) 꾸짖을 책
(7) 쇠 철 (8) 처음 초
(9) 채울 충 (10) 이를 치
(11) 가장 최 (12) 바탕 질

3.
(1) 皿 (2) 刀
(3) 金

4.
(1) 終結 (2) 知識
(3) 最後 (4) 規則

25회 정답

1.
(1) 강타 (2) 탁구
(3) 승패 (4) 필요
(5) 진화 (6) 길흉

2.
(1) 다를 타 (2) 숯 탄
(3) 널 판 (4) 물건 품
(5) 붓 필 (6) 물 하
(7) 해할 해 (8) 허락할 허
(9) 호수 호 (10) 검을 흑
(11) 찰 한 (12) 패할 패

3.
(1) 扌(手) (2) 心
(3) 黑

4.
(1) 宅配 (2) 三寒四溫
(3) 效果 (4) 病患

유형별 한자학습

유의자 232
반의자 236
동음이의어 240
사자성어 243
약자 250

유의자

- 家 집 가 — 室 집 실
  堂 집 당
  宅 집 택·댁
- 歌 노래 가 — 唱 부를 창
- 工 장인 공 — 作 지을 작
- 共 한가지 공 — 同 한가지 동
- 敎 가르칠 교 — 訓 가르칠 훈
- 郡 고을 군 — 州 고을 주
- 規 법 규 — 則 곧 즉 / 법칙 칙
- 急 급할 급 — 速 빠를 속
- 大 큰 대 — 太 클 태
- 道 길 도 — 路 길 로
- 圖 그림 도 — 畫 그림 화 / 그을 획
- 等 등급·무리 등 — 級 등급 급
- 里 마을 리 — 村 마을 촌
- 文 글월 문 — 字 글자 자
  章 글 장
  書 글 서
- 物 물건 물 — 件 물건 건
- 番 차례 번 — 第 차례 제
- 法 법 법 — 規 법 규

• 分	나눌 분	—	別	나눌·다를 별
			班	나눌 반
• 事	일 사	—	業	업 업
• 算	셈 산	—	數	셈 수
			計	셀 계
• 樹	나무 수	—	木	나무 목
• 始	비로소 시	—	初	처음 초
• 式	법 식	—	例	법식 례
• 身	몸 신	—	體	몸 체
• 陽	볕 양	—	景	볕 경
• 語	말씀 어	—	話	말씀 화
			言	말씀 언
• 永	길 영	—	長	긴 장
• 王	임금 왕	—	主	임금·주인 주
• 有	있을 유	—	在	있을 재
• 邑	고을 읍	—	州	고을 주
			郡	고을 군
• 衣	옷 의	—	服	옷 복
• 才	재주 재	—	術	재주 술
• 情	뜻 정	—	意	뜻 의
• 終	마칠 종	—	末	끝 말

유의자

- 晝 낮 주 — 午 낮 오
- 知 알 지 — 識 알 식
- 靑 푸를 청 — 綠 푸를 록
- 寸 마디 촌 — 節 마디 절
- 致 이를 치 — 到 이를 도
- 土 흙 토 — 地 땅 지
- 便 편할 편 — 安 편안 안
- 寒 찰 한 — 冷 찰 랭
- 海 바다 해 — 洋 큰바다 양
- 號 이름 호 — 名 이름 명

유의어

- 계산　計算 (셀 계, 셈 산)
- 공작　工作 (장인 공, 지을 작)
- 공동　共同 (한가지 공, 한가지 동)
- 교훈　敎訓 (가르칠 교, 가르칠 훈)
- 등급　等級 (등급·무리 등, 등급 급)
- 급속　急速 (급할 급, 빠를 속)
- 문자　文字 (글월 문, 글자 자)
- 물건　物件 (물건 물, 물건 건)

- 분별　　分別 (나눌 분, 나눌·다를 별)
- 사업　　事業 (일 사, 업 업)
- 산수　　算數 (셈 산, 셈 수)
- 수목　　樹木 (나무 수, 나무 목)
- 신체　　身體 (몸 신, 몸 체)
- 언어　　言語 (말씀 언, 말씀 어)
- 의복　　衣服 (옷 의, 옷 복)
- 청록　　靑綠 (푸를 청, 푸를 록)
- 토지　　土地 (흙 토, 땅 지)
- 편안　　便安 (편할 편, 편안 안)
- 해양　　海洋 (바다 해, 큰바다 양)

반의자

- 各 각각 각 ↔ 合 합할 합
- 江 강 강 ↔ 山 메 산
- 強 강할 강 ↔ 弱 약할 약
- 京 서울 경 ↔ 村 마을 촌
- 競 다툴 경 ↔ 和 화할 화
- 古 예 고 ↔ 今 이제 금

- 敎 가르칠 교 ↔ 新 새 신
- 近 가까울 근 ↔ 學 배울 학
- 吉 길할 길 ↔ 遠 멀 원
- 南 남녘 남 ↔ 凶 흉할 흉
- 男 사내 남 ↔ 北 북녘 북
- 內 안 내 ↔ 女 계집 녀
- 多 많을 다 ↔ 外 바깥 외
- 答 대답 답 ↔ 少 적을·젊을 소
- 大 큰 대 ↔ 問 물을 문
- 東 동녘 동 ↔ 小 작을 소
- 利 이로울 리 ↔ 西 서녘 서
- 聞 들을 문 ↔ 害 해할 해
- 問 물을 문 ↔ 問 물을 문
- 父 아버지 부 ↔ 答 대답 답
-              ↔ 母 어머니 모

- 分   나눌 분   ↔   合   합할 합
- 死   죽을 사   ↔   生   살 생
                                 活   살 활
- 上   위 상   ↔   下   아래 하
- 生   날 생   ↔   死   죽을 사
- 手   손 수   ↔   足   발 족
- 心   마음 심   ↔   身   몸 신
                                 體   몸 체
- 午   낮 오   ↔   夜   밤 야
- 因   인할 인   ↔   果   열매 · 실과 과
- 入   들 입   ↔   出   날 출
- 子   아들 자   ↔   女   계집 녀
- 自   스스로 자   ↔   他   다를 타
- 長   긴 장   ↔   短   짧을 단
- 災   재앙 재   ↔   福   복 복
- 前   앞 전   ↔   後   뒤 후
- 戰   싸움 전   ↔   和   화할 화
- 正   바를 정   ↔   反   돌아올 · 돌이킬 반
- 左   왼 좌   ↔   右   오른쪽 우
- 晝   낮 주   ↔   夜   밤 야
- 朝   아침 조   ↔   夕   저녁 석

- 祖 할아버지 조 ↔ 孫 손자 손
- 天 하늘 천 ↔ 地 땅 지
- 春 봄 춘 ↔ 秋 가을 추
- 夏 여름 하 ↔ 冬 겨울 동
- 學 배울 학 ↔ 敎 가르칠 교
- 兄 형 형 ↔ 弟 아우 제
- 會 모일 회 ↔ 散 흩을 산
- 黑 검을 흑 ↔ 白 흰 백

반의어

- 문답 — 問答 (물을 문, 대답 답)
- 물심 — 物心 (물건 물, 마음 심)
- 본말 — 本末 (근본 본, 끝 말)
- 사활 — 死活 (죽을 사, 살 활)
- 산천 — 山川 (메 산, 내 천)
- 산하 — 山河 (메 산, 물 하)
- 산해 — 山海 (메 산, 바다 해)
- 상하 — 上下 (위 상, 아래 하)
- 생사 — 生死 (날 생, 죽을 사)

- 수족 — 手足 (손 수, 발 족)
- 승패 — 勝敗 (이길 승, 패할 패)
- 시종 — 始終 (시작 시, 마칠 종)
- 심신 — 心身 (마음 심, 몸 신)
- 언행 — 言行 (말씀 언, 다닐 행)
- 왕래 — 往來 (갈 왕, 올 래)
- 원근 — 遠近 (멀 원, 가까울 근)
- 온냉 — 溫冷 (따뜻할 온, 찰 랭)
- 이해 — 利害 (이로울 리, 해할 해)
- 일월 — 日月 (날 일, 달 월)
- 장단 — 長短 (길 장, 짧을 단)
- 전후 — 前後 (앞 전, 뒤 후)
- 조석 — 朝夕 (아침 조, 저녁 석)
- 좌우 — 左右 (왼 좌, 오른쪽 우)
- 주객 — 主客 (임금·주인 주, 손님 객)
- 주야 — 晝夜 (낮 주, 밤 야)

동음이의어

- **가계**　家系　대대로 내려온 한 집안의 계통.
　　　　　家計　한 집안 살림의 수입과 지출의 상태.

- **개정**　改正　주로 문서의 내용 따위를 고쳐 바르게 함.
　　　　　改定　이미 정하였던 것을 고쳐 다시 정함.

- **경기**　景氣　매매나 거래에 나타나는 호황·불황 따위의 경제 활동 상태.
　　　　　競技　일정한 규칙 아래 기량과 기술을 겨룸.

- **경로**　敬老　노인을 공경함.
　　　　　經路　지나는 길.

- **공과**　工科　대학에서 공업 생산에 필요한 과학 기술을 전공하는 학과.
　　　　　公課　국가나 공공 단체가 국민에게 부과하는 금전상의 부담이나 육체적인 일.

- **공동**　共同　두 사람 이상이 일을 같이 함.
　　　　　空洞　아무것도 없이 텅 비어 있는 굴.

- **공약**　公約　어떤 일에 대해 국민에게 하는 약속.
　　　　　空約　헛되게 약속함.

- **공해**　公海　하늘처럼 끝이 없는 바다.
　　　　　公害　사람이나 생물이 입게 되는 피해.

- **교정**　校庭　학교의 마당이나 운동장.
　　　　　校正　글자의 잘못된 것을 대조하여 바로잡음.

- **과거**　科擧　옛날 관리를 뽑기 위하여 보던 시험.
　　　　　過去　이미 지나간 때.

- **귀중**　貴中　편지 등을 보낼 때 받는 쪽의 이름 뒤에 쓰는 높임말.
　　　　　貴重　매우 소중한 것.

- **급수**　級數　기술의 우열에 따라 매기는 등급.
　　　　　給水　물을 대어 줌.

- **동기** 同期 같은 기간.
  動機 의사결정이나 어떤 행위의 직접적인 원인.
- **동심** 同心 같은 마음.
  童心 어린 아이의 마음.
- **동지** 冬至 이십사절기의 하나. 12월22일경.
  同志 목적이나 뜻이 서로 같은 것.
- **부자** 父子 아버지와 아들.
  富者 돈이 많은 사람.
- **사고** 事故 뜻밖에 일어난 불행한 일.
  思考 생각하고 궁리함.
- **수석** 水石 물과 돌.
  首席 등급이나 직위에서 맨 윗자리.
- **시가** 市街 도시의 큰 길거리.
  詩歌 시와 노래.
- **시장** 市長 시를 대표하는 책임자.
  市場 물건을 사고파는 일정한 장소.
- **식수** 食水 먹는 물.
  植樹 나무를 심음.
- **연장** 年長 서로 비교해 보아 나이가 많음.
  延長 시간이나 거리를 본래보다 늘림.
- **일정** 一定 바뀌는 것이 없이 한결 같은 것.
  日程 그 날에 해야 할 일.
- **자신** 自身 자기.
  自信 자신의 능력을 믿는 것.

- 전경 　全景　전체의 경치.
　　　　前景　눈앞에 펼쳐져 보이는 경치.
- 주간 　晝間　낮 동안.
　　　　週間　한 주일 동안.
- 천재 　天才　선천적으로 타고난 뛰어난 재주.
　　　　天災　자연 현상으로 일어나는 재난.
- 최고 　最古　가장 오래됨.
　　　　最高　가장 높음.
- 호기 　好期　좋은 시기.
　　　　好機　좋은 기회.

사자성어

- 家家戶戶(가가호호) : 집집마다, 즉 모든 집을 말함.
- 各自圖生(각자도생) : 제각기 살길을 도모함.
- 巨家大族(거가대족) : 대대로 번창하고 문벌이 좋은 집안.
- 居家之樂(거가지락) : 세속의 영화에 마음을 두지 않고 집에서 시나 서도 따위로 세월을 보내는 즐거움.
- 見利思義(견리사의) : 이익을 보면 의에 맞는가 안 맞는가의 여부를 잘 생각하여 취하고 안 취함을 결정함.
- 見聞一致(견문일치) : 보고 들은 바가 꼭 같음.
- 見物生心(견물생심) : 물건을 보고 욕심이 생김.
- 古今東西(고금동서) : 동양과 서양, 그리고 과거와 지금을 통틀어 일컫는 말.
- 故事成語(고사성어) : 옛날부터 전해 오는 의미 있는 일을 나타낸 글귀.
- 高低長短(고저장단) : 높고 낮음과 길고 짧음.
- 公明正大(공명정대) : 마음이 공평하고 사심이 없으며 밝고 큼.
- 公平無私(공평무사) : 어느 한 쪽에도 치우치지 않고 공평하며 사사로움이 없음.
- 求不得苦(구부득고) : 팔고(八苦)의 하나. 구하여도 얻지 못하는 괴로움.
- 九死一生(구사일생) : 여러 번의 죽을 고비를 넘기고 겨우 목숨을 건진다는 뜻.
- 九牛一毛(구우일모) : '아홉 마리 소에 털 한 가닥이 빠진 정도'라는 뜻으로, 아주 큰 물건 속에 있는 아주 작은 부분.
- 君臣有義(군신유의) : 임금과 신하는 의가 있어야 함.
- 今時初聞(금시초문) : 바로 지금 처음으로 들음.
- 起死回生(기사회생) : 중병으로 죽을 뻔 하다가 다시 살아남.
- 男女有別(남녀유별) : 남자와 여자 사이에는 분별이 있어야 한다는 뜻.

- 能小能大(능소능대) : 모든 일에 두루 능함.
- 多多益善(다다익선) : 많으면 많을수록 좋음.
- 多才多能(다재다능) : 재주와 능력이 여러 가지로 많음.
- 代代孫孫(대대손손) : 대대로 이어오는 자손.
- 大明天地(대명천지) : 매우 밝은 세상.
- 同苦同樂(동고동락) : 괴로움과 즐거움을 함께 함.
- 東問西答(동문서답) : 동쪽에서 묻는데 서쪽에서 대답한다는 뜻으로 묻는 말에 대하여 아주 딴판인 엉뚱한 대답을 함.
- 同時多發(동시다발) : 어떤 일이 같은 시기에 한꺼번에 많이 일어나는 것
- 馬耳東風(마이동풍) : '말의 귀에 동풍'이라는 뜻으로, 다른 사람의 의견을 조금도 들으려 하지 않는 것.
- 萬古不變(만고불변) : 오랜 세월이 지나도 전혀 변하지 않음.
- 滿場一致(만장일치) : 회장에 모인 사람의 뜻이 완전히 일치함.
- 明明白白(명명백백) : 의심할 여지가 없이 아주 분명하다는 뜻.
- 木人石心(목인석심) : 나무인형에 돌 같은 마음으로 감정이 없는 사람을 뜻함.
- 文房四友(문방사우) : 종이. 붓. 먹. 벼루의 네 문방구. =文房四寶(문방사보)
- 門前成市(문전성시) : 문 앞에 저자(시장)를 이룬다는 뜻으로, 찾아오는 사람이 많음을 이르는 말.
- 聞一知十(문일지십) : 한 가지를 듣고 열 가지를 미루어 앎.
- 美風良俗(미풍양속) : 아름답고 좋은 풍속.
- 半信半疑(반신반의) : 반은 믿고 반은 의심함.
- 白面書生(백면서생) : 글만 읽고 세상일에 경험이 없는 사람. 풋내기.

- 百年大計(백년대계) : 먼 장래를 내다보고 세우는 계획. =百年之計(백년지계).
- 百發百中(백발백중) : 백 번 쏘아 백 번 맞힌다는 뜻으로, 계획이나 예측이 생각대로 잘 들어맞음을 이르는 말.
- 百戰百勝(백전백승) : 싸울 때마다 반드시 이김.
- 夫婦有別(부부유별) : 남편과 아내는 분별이 있어야 함.
- 父子有親(부자유친) : 오륜의 하나로, 아버지와 아들 사이는 친애가 있어야 한다는 뜻.
- 不知不識間(부지불식간) : 자기가 생각하지도 못하고 알지도 못하는 사이.
- 不問可知(불문가지) : 묻지 않아도 능히 알 수 있음.
- 不遠千里(불원천리) : 천리 길도 멀어하지 않고 찾아감.
- 事事件件(사사건건) : 모든 일. 온갖 사건.
- 死生決斷(사생결단) : 살고 죽음을 돌보지 않고 끝장을 내는 것을 말함.
- 山川草木(산천초목) : 산과 내, 풀과 나무.
- 山戰水戰(산전수전) : 산에서의 전투와 물에서의 전투를 다 겪음. 세상일에 경험이 많음.
- 殺身成仁(살신성인) : 목숨을 버려 어진 일을 이룸.
- 生面不知(생면부지) : 서로 한 번도 만난 적이 없어서 전혀 모르는 사람.
- 生死苦樂(생사고락) : 삶과 죽음, 괴로움과 즐거움을 통틀어 일컫는 말.
- 善男善女(선남선녀) : 보통사람. =甲男乙女(갑남을녀), 樵童汲婦(초동급부), 張三李四(장삼이사)
- 身言書判(신언서판) : 인물을 평가하는 네 가지 기준. 몸, 말씨, 글씨, 판단력.
- 身土不二(신토불이) : '자기의 몸과 땅은 하나'라는 뜻으로, 태어난 땅에서 난 것이 자기 몸에 맞음.

- **十中八九**(십중팔구) : 열 중에 여덟이나 아홉이 된다는 뜻으로, 거의 확실히 그럴 것이라는 말.
- **愛國愛族**(애국애족) : 자기의 나라와 겨레를 사랑함.
- **弱肉強食**(약육강식) : 약한 놈이 강한 놈에게 먹힘.
- **良藥苦口**(양약고구) : 좋은 약은 쓰다는 뜻으로 충언(忠言)은 듣기 싫으나 받아들이면 자신에게 이로움. =忠言逆耳(충언역이)
- **語不成說**(어불성설) : 말이 조금도 조리에 닿지 않음.
- **言行一致**(언행일치) : 하는 말과 행동이 같음.
- **與民同樂**(여민동락) : 왕이 백성과 즐거움을 함께 나눔.
- **樂山樂水**(요산요수) : 산을 좋아하고 물을 좋아한다는 뜻.
- **用意周到**(용의주도) : 어떤 일을 할 마음이 두루 미친다는 뜻으로, 마음의 준비가 두루 미쳐 빈틈이 없음.
- **牛耳讀經**(우이독경) : '소 귀에 경 읽기'라는 뜻으로, 아무리 일러도 알아듣지 못함을 이름. =馬耳東風(마이동풍), 對牛彈琴(대우탄금)
- **以實直告**(이실직고) : 사실을 있는 그대로 말함.
- **以心傳心**(이심전심) : 말을 하지 않더라도 서로 마음이 통함을 이르는 말. =不立文字(불립문자), 拈華微笑(염화미소)
- **人命在天**(인명재천) : 사람의 목숨은 하늘에 있다는 뜻으로, 사람이 살고 죽는 것은 어찌할 수 없음을 이르는 말.
- **人事不省**(인사불성) : 정신을 잃고 의식을 모른다는 뜻으로, 사람으로서의 예절(禮節)을 차리지 못하거나 의식을 잃어서 사람의 일을 알아차리지 못함을 이르는 말.
- **仁者樂山**(인자요산) : 인품이 어진 사람은 의리에 만족하여 몸가짐이 무겁고 덕이 두터워 그 마음이 산과 같아 자연히 산을 좋아함.

- 一口二言(일구이언) : 한 입으로 두 말을 한다는 뜻으로, 말을 이랬다저랬다 하는 것.
- 一日三秋(일일삼추) : 하루가 삼년 같다는 뜻으로, 뭔가를 초조히 기다리는 것.
- 一石二鳥(일석이조) : 한 개의 돌을 던져 두 마리의 새를 맞추어 떨어 뜨린다는 뜻으로, 한 가지 일을 해서 두 가지 이익을 얻음.
- 一心同體(일심동체) : 여러 사람이 한 사람처럼 뜻을 합하여 굳게 결합함을 이르는 말.
- 一長一短(일장일단) : 장점이 하나 있으면 단점도 하나 있다는 뜻으로, 좋고 나쁨이 있음을 이르는 말.
- 自手成家(자수성가) : 자기 손으로 스스로 이룬다는 뜻으로, 물려받은 재산 없이 스스로의 힘으로 어엿한 한 살림을 이룩하는 일.
- 自業自得(자업자득) : 자기가 저지른 일의 과보를 자기 자신이 받는 것. =因果應報(인과응보), 惡因惡果(악인악과)
- 自由自在(자유자재) : 자기 마음대로 할 수 있음.
- 作心三日(작심삼일) : 한 번 결심한 것이 사흘을 가지 않는다는 뜻으로, 결심이 굳지 못함을 이르는 말.
- 電光石火(전광석화) : 극히 짧은 시간이나 빠른 동작을 비유하는 말.
- 早失父母(조실부모) : 일찍이 부모를 여의는 것.
- 走馬看山(주마간산) : 말을 타고 달리면서 산을 바라본다는 뜻으로, 바빠서 자세히 살펴보지 않고 대강 보고 지나감을 이름.
- 晝夜長川(주야장천) : 밤낮으로 쉬지 않고 흐르는 시냇물과 같이 계속 이어짐을 이르는 말.
- 竹馬故友(죽마고우) : '대나무 말을 타고 놀던 옛 친구'라는 뜻으로, 어릴 때부터 가까이 지내며 자란 친구를 이르는 말.

- **至誠感天**(지성감천) : 지극한 정성에는 하늘도 감동한다는 뜻으로, 무엇이든 정성껏 하면 하늘이 움직여 좋은 결과를 맺음.

- **知行合一**(지행합일) : 참 지식은 반드시 실행이 따라야 한다는 말.

- **靑山綠水**(청산녹수) : '푸른 산과 푸른 물'이라는 뜻으로, 산골짜기에 흐르는 맑은 물을 이르는 말.

- **靑山流水**(청산유수) : '푸른 산에 맑은 물'이라는 뜻으로, 말을 썩 잘하는 것을 비유적으로 이르는 것.

- **淸風明月**(청풍명월) : '맑은 바람과 밝은 달'이라는 뜻으로, 결백하고 온건한 성격을 이르는 말.

- **靑天白日**(청천백일) : 환하고 밝은 대낮.

- **草家三間**(초가삼간) : '세 칸짜리 초가'라는 뜻으로, 아주 보잘것없는 초가를 이르는 말.

- **草綠同色**(초록동색) : '풀과 녹색은 서로 같은 벗'이라는 뜻으로, 같은 처지나 부류의 사람들끼리 함께 행동함을 이르는 말. =**類類相從**(유유상종)

- **春夏秋冬**(춘하추동) : 봄, 여름, 가을, 겨울.

- **忠言逆耳**(충언역이) : 바른 말은 귀에 거슬린다는 뜻으로, 바르게 타이르는 말일수록 듣기 싫어함을 이르는 말. =**良藥苦口**(양약고구)

- **他山之石**(타산지석) : 다른 산에서 난 돌도 자기의 구슬을 가는 데에 소용이 된다는 뜻으로, 다른 사람의 하찮은 언행일지라도 자기의 지덕(知德)을 연마하는 데 도움이 됨.

- **太平聖代**(태평성대) : 어질고 착한 임금이 잘 다스리어 태평한 세상.

- **八方美人**(팔방미인) : '어느 방향에서 보아도 아름다운 미인'이라는 뜻으로, 여러 방면의 일에 능통한 사람을 일컫는 말.

- **風前燈火**(풍전등화) : '바람 앞의 등불'이라는 뜻으로, 위기에 처함을 이름.

- **虛虛實實**(허허실실) : 서로 재주와 꾀를 다하여 다툼.
- **賢母良妻**(현모양처) : 어진 어머니인 동시에 착한 아내를 일컫는 말.
- **形形色色**(형형색색) : 모양이나 종류가 다른 가지각색의 것을 일컫는 말.
- **好衣好食**(호의호식) : 좋은 옷을 입고 좋은 음식을 먹는 것. 잘 입고 잘 먹음을 일컫는 말.
- **喜怒哀樂**(희로애락) : '기쁨과 노여움, 슬픔과 즐거움'이라는 뜻으로, 사람의 여러 가지 감정을 이르는 말.

약자

- 價 값 가 — 価
- 擧 들 거 — 挙, 舉
- 觀 볼 관 — 観
- 關 관계할 관 — 関
- 廣 넓을 광 — 広
- 國 나라 국 — 国
- 氣 기운 기 — 気
- 團 둥글 단 — 団
- 當 마땅 당 — 当
- 對 대할 대 — 対
- 圖 그림 도 — 図
- 獨 홀로 독 — 独
- 樂 즐거울 락 — 楽
- 來 올 래 — 来
- 禮 예도 례 — 礼
- 萬 일만 만 — 万
- 賣 팔 매 — 売
- 發 쏠·필 발 — 発
- 變 변할 변 — 変
- 數 셈 수 — 数
- 實 열매 실 — 実
- 兒 아이 아 — 児
- 惡 악할 악 — 悪
- 藥 약 약 — 薬
- 溫 따뜻할 온 — 温
- 傳 전할 전 — 伝
- 戰 싸움 전 — 戦, 战
- 定 정할 정 — 㝎
- 晝 낮 주 — 昼
- 參 참여할 참 / 석 삼 — 参
- 鐵 쇠 철 — 鉄
- 體 몸 체 — 体
- 學 배울 학 — 学
- 號 이름 호 — 号
- 畫 그림 화 / 그을 획 — 画

第1回 漢字能力檢定試驗 5級 問題誌

[問 1~35] 다음 漢字의 讀音을 쓰시오.

(1) 發見
(2) 信念
(3) 順序
(4) 加速
(5) 種類
(6) 黑人
(7) 看板
(8) 獨唱
(9) 知性
(10) 表情
(11) 財物
(12) 偉大
(13) 雲海
(14) 友情
(15) 常識
(16) 結氷
(17) 花壇
(18) 倒着
(19) 受領
(20) 汽車
(21) 決定
(22) 固體
(23) 規則
(24) 勞動
(25) 獨立
(26) 流通
(27) 無線
(28) 名馬
(29) 所望
(30) 洗車
(31) 熱望
(32) 禮節
(33) 無罪
(34) 石炭
(35) 利害

[問36~58] 다음 漢字의 訓과 音을 쓰시오.

(36) 魚
(37) 告
(38) 價
(39) 德
(40) 願
(41) 敗
(42) 賣
(43) 都
(44) 考
(45) 雄
(46) 罪
(47) 船
(48) 充
(49) 養
(50) 湖
(51) 類
(52) 歲
(53) 店
(54) 耳
(55) 練
(56) 初
(57) 唱
(58) 效

[問59~73] 다음 밑줄 친 漢字語를 漢字로 쓰시오.

(59) 새해에는 일출을 보며 희망찬 한 해를 소망한다.

(60) 한자를 공부하려면 우선 부수부터 알아야 한다.

(61) 일 년은 24절기로 나눈다.

(62) 아침마다 국민체조를 하면서 건강을 지킨다.

(63) 착륙할 때 비행기가 흔들려서 몹시 놀랐다.

(64) 각 지방마다 사람들의 기질이 다르다.

(65) 표지보다 내용이 충실해야 한다.

(66) 예전보다 삼한사온의 의미가 많이 옅어졌다.

(67) 할아버지께서 병환으로 입원하셨다.

(68) 해마다 공공요금이 인상된다.

(69) 우리학교 급식시설은 아주 위생적이다.

(70) 과속운전은 위험하다.

(71) 비만 정도가 너무 심해서 거동이 몹시 힘들다.

(72) 요즘은 엽서 사용량이 많이 줄었다.

(73) 명절에는 덕담을 주고 받는다.

[問74~78] 다음 訓과 音에 맞는 漢字를 쓰시오.

〈例〉
나라 국 → 國

(74) 공경 경

(75) 착할 선

(76) 빌 축

(77) 근원 원

(78) 머리 수

[問79~81] 다음 漢字와 뜻이 反對 또는 對立되는 漢字를 쓰시오.

(79) 客 ↔ ( )

(80) 曲 ↔ ( )

(81) ( ) ↔ 因

[問82~85] 다음 ( )에 들어갈 漢字를 〈例〉에서 찾아 그 번호를 써서 漢字語를 만드세요.

〈例〉
① 同　② 身　③ 生　④ 家
⑤ 色　⑥ 無　⑦ 日　⑧ 風

(82) 見物( )心

(83) ( )不通知

(84) 秋( )落葉

(85) 一心( )體

[問86~88] 다음 漢字와 뜻이 비슷한 漢字를 〈例〉에서 찾아 그 번호를 쓰세요.

〈例〉
① 先 ② 訓 ③ 出
④ 止 ⑤ 長 ⑥ 情

(86) 敎

(87) 意

(88) 停

[問89~91] 다음 漢字와 음은 같은데 뜻이 다른 漢字를 〈例〉에서 찾아 그 번호를 쓰세요.

〈例〉
① 切 ② 雨 ③ 卒
④ 史 ⑤ 要 ⑥ 調

(89) 友

(90) 思

(91) 操

[問92~94] 다음 漢字語의 뜻을 쓰세요.

(92) 敬老

(93) 寒冷

(94) 口傳

[問95~97] 다음 漢字의 略字(약자:획수를 줄인 漢字)를 쓰세요.

〈例〉
體 → 体

(95) 廣

(96) 禮

(97) 學

[問98~100] 다음 漢字의 진하게 표시한 획은 몇 번째 쓰는지 〈例〉에서 찾아 그 번호를 쓰세요.

〈例〉
① 첫 번째 ② 두 번째 ③ 세 번째
④ 네 번째 ⑤ 다섯 번째
⑥ 여섯 번째 ⑦ 일곱 번째
⑧ 여덟 번째 ⑨ 아홉 번째

(98) 良

(99) 仙

(100) 情

第2回 漢字能力檢定試驗 5級 問題紙

[問 1~35] 다음 漢字의 讀音을 쓰시오.

(1) 性格
(2) 美德
(3) 賞金
(4) 客室
(5) 停止
(6) 化學
(7) 寒氣
(8) 鐵路
(9) 特種
(10) 感情
(11) 的中
(12) 敎材
(13) 英雄
(14) 惡寒
(15) 君臣
(16) 歷史
(17) 相談
(18) 半島
(19) 旅路
(20) 觀念
(21) 再建
(22) 廣告
(23) 能力
(24) 令愛
(25) 訓練
(26) 陸橋
(27) 奉仕
(28) 敗亡
(29) 用法
(30) 展示
(31) 完成
(32) 停電
(33) 年初
(34) 運河
(35) 吉凶

[問36~58] 다음 漢字의 訓과 音을 쓰시오.

(36) 屋
(37) 客
(38) 說
(39) 完
(40) 鐵
(41) 筆
(42) 橋
(43) 勞
(44) 熱
(45) 福
(46) 河
(47) 技
(48) 序
(49) 節
(50) 思
(51) 偉
(52) 最
(53) 情
(54) 曜
(55) 建
(56) 念
(57) 法
(58) 賞

[問59~73] 다음 밑줄 친 漢字語를 漢字로 쓰시오.

(59) 불경기라고 하지만 호텔객실마다 손님이 가득하다.

(60) 자신의 단점을 알아 개선하려는 의지가 중요하다.

(61) 육교가 생겨 교통흐름이 좋아졌다.

(62) 단체생활에서는 개인의 주장을 너무 내세우는 것은 좋지 않다.

(63) 듀공이 바위 위에서 쉬는 모습을 보고 인어라 착각했다.

(64) 친구 혹은 형제간에는 반드시 우애가 있어야 한다.

(65) 여름 방학 때 해수욕 갔다가 화상을 입었다.

(66) 무력을 사용한 국가 간의 전쟁은 불행이다.

(67) 우리 아버지 애창곡은 대부분 옛날 노래다.

(68) 한자는 반드시 필순대로 써야한다.

(69) 어릴 때부터 절약정신을 길러야 한다.

(70) 전망 좋은 식당에서 맛있는 음식을 먹었다.

(71) 그 분은 성품이 아주 온순하다.

(72) 재산이 많다면 좋은 일에 많이 써야 한다.

(73) 한복은 곡선의 아름다움이 중요하다.

[問74~78] 다음 訓과 音에 맞는 漢字를 쓰시오.

〈例〉
나라 국 → 國

(74) 구름 운

(75) 알 지

(76) 흐를 류

(77) 더할 가

(78) 없을 무

[問79~81] 다음 漢字와 뜻이 反對 또는 對立되는 漢字를 쓰시오.

(79) 舊 ↔ ( )

(80) ( ) ↔ 遠

(81) ( ) ↔ 少

[問82~85] 다음 ( )에 들어갈 漢字를 〈例〉에서 찾아 그 번호를 써서 漢字語를 만드세요.

〈例〉
① 孝 ② 實 ③ 問 ④ 生
⑤ 晝 ⑥ 安 ⑦ 成 ⑧ 事

(82) 有名無( )

(83) ( )夜長川

(84) 語不( )說

(85) 東( )西答

[問86~88] 다음 漢字와 뜻이 비슷한 漢字를 〈例〉에서 찾아 그 번호를 쓰세요.

〈例〉
① 研 ② 願 ③ 圓
④ 年 ⑤ 正 ⑥ 情

(86) 歲
(87) 望
(88) 直

[問89~91] 다음 漢字와 음은 같은데 뜻이 다른 漢字를 〈例〉에서 찾아 그 번호를 쓰세요.

〈例〉
① 仙 ② 耳 ③ 願
④ 牛 ⑤ 可 ⑥ 示

(89) 加
(90) 船
(91) 元

[問92~94] 다음 漢字語의 뜻을 쓰세요.

(92) 必讀
(93) 獨唱
(94) 熱氣

[問95~97] 다음 漢字의 略字(약자:획수를 줄인 漢字)를 쓰세요.

〈例〉
體 → 体

(95) 舊
(96) 獨
(97) 實

[問98~100] 다음 漢字의 진하게 표시한 획은 몇 번째 쓰는지 〈例〉에서 찾아 그 번호를 쓰세요.

〈例〉
① 첫 번째 ② 두 번째 ③ 세 번째
④ 네 번째 ⑤ 다섯 번째
⑥ 여섯 번째 ⑦ 일곱 번째
⑧ 여덟 번째 ⑨ 아홉 번째

(98) 化
(99) 必
(100) 何

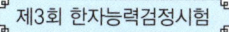

第3回 漢字能力檢定試驗 5級 問題誌

[問 1~35] 다음 漢字의 讀音을 쓰시오.

(1) 敬老
(2) 吉日
(3) 調査
(4) 過去
(5) 參考
(6) 湖水
(7) 必要
(8) 最高
(9) 質問
(10) 操作
(11) 傳說
(12) 順位
(13) 院長
(14) 約束
(15) 萬歲
(16) 財産
(17) 念願
(18) 善良
(19) 正當
(20) 價格
(21) 夜景
(22) 觀光
(23) 技術
(24) 料金
(25) 歷史
(26) 幸福
(27) 賣出
(28) 強兵
(29) 末期
(30) 首都
(31) 重要
(32) 切親
(33) 責任
(34) 品質
(35) 許可

[問36~58] 다음 漢字의 訓과 音을 쓰시오.

(36) 島
(37) 擧
(38) 案
(39) 調
(40) 鮮
(41) 炭
(42) 黑
(43) 爭
(44) 傳
(45) 獨
(46) 舊
(47) 産
(48) 洗
(49) 許
(50) 結
(51) 到
(52) 種
(53) 貯
(54) 患
(55) 赤
(56) 寒
(57) 給
(58) 鼻

[問59~73] 다음 밑줄 친 漢字語를 漢字로 쓰시오.

(59) 서민들이 느끼는 물가가 너무 높다.
(60) 해외여행을 다녀 견문을 넓히는 것이 좋다.
(61) 할머니께서 제주도로 관광을 떠나셨다.
(62) 학기마다 비싼 등록금 때문에 걱정이 많다.
(63) 내 꿈은 대학교 교단에 서는 것이다.
(64) 양국 정상끼리 회담을 가졌다.
(65) 배 멀미는 육지에 닿으면 사라진다.
(66) 노인들은 무관심을 아주 두려워 한다.

(67) 비행기에서 내다보니 운해가 펼쳐져 있었다.

(68) 몇 개월 전부터 아픈 것을 참다 오늘에야 병원에 갔다.

(69) 대통령의 임기는 5년이다.

(70) 찌는 듯한 폭염에 철도조차 휘었다.

(71) 실러캔스는 살아있는 화석이라 불린다.

(72) 여름 가뭄이 심해서 올해는 흉년이다.

(73) 정전이 되는 바람에 컴퓨터에 작성하던 문서가 사라졌다.

[問74~78] 다음 訓과 音에 맞는 漢字를 쓰시오.

〈例〉
나라 국 → 國

(74) 구름 운
(75) 열매 실
(76) 볼 관
(77) 사기 사
(78) 칠 타

[問79~81] 다음 漢字와 뜻이 反對 또는 對立되는 漢字를 쓰시오.

(79) 答 ↔ ( )
(80) 陸 ↔ ( )
(81) ( ) ↔ 敗

[問82~85] 다음 ( )에 들어갈 漢字를 〈例〉에서 찾아 그 번호를 써서 漢字語를 만드세요.

〈例〉
①陵 ②靑 ③淸 ④子
⑤能 ⑥樂 ⑦惡 ⑧自

(82) 生死苦( )
(83) 多才多( )
(84) 各( )圖生
(85) 綠水( )山

[問86~88] 다음 漢字와 뜻이 비슷한 漢字를 〈例〉에서 찾아 그 번호를 쓰세요.

〈例〉
① 習 ② 拾 ③ 幸
④ 行 ⑤ 育 ⑥ 陸

(86) 練

(87) 福

(88) 養

[問89~91] 다음 漢字와 음은 같은데 뜻이 다른 漢字를 〈例〉에서 찾아 그 번호를 쓰세요.

〈例〉
① 持 ② 技 ③ 曲
④ 典 ⑤ 村 ⑥ 財

(89) 展

(90) 材

(91) 基

[問92~94] 다음 漢字語의 뜻을 쓰세요.

(92) 失望

(93) 溫情

(94) 必勝

[問95~97] 다음 漢字의 略字(약자:획수를 줄인 漢字)를 쓰세요.

〈例〉
體 → 体

(95) 國

(96) 圖

(97) 萬

[問98~100] 다음 漢字의 진하게 표시한 획은 몇 번째 쓰는지 〈例〉에서 찾아 그 번호를 쓰세요.

〈例〉
① 첫 번째 ② 두 번째 ③ 세 번째
④ 네 번째 ⑤ 다섯 번째
⑥ 여섯 번째 ⑦ 일곱 번째
⑧ 여덟 번째 ⑨ 아홉 번째

(98) 友

(99) 氷

(100) 馬

수험번호 □□□-□□-□□□□ 성명 □□□□□

주민등록번호 □□□□□□-□□□□□□□ ※ 유성 싸인펜, 붉은색 필기구 사용 불가.

※ 답안지는 컴퓨터로 처리되므로 구기거나 더럽히지 마시고, 정답 칸 안에만 쓰십시오.
  글씨가 채점란으로 들어오면 오답처리가 됩니다.

제1회 전국한자능력검정시험 5급 답안지(1)

답안란		채점란		답안란		채점란		답안란		채점란	
번호	정답	1검	2검	번호	정답	1검	2검	번호	정답	1검	2검
1				16				31			
2				17				32			
3				18				33			
4				19				34			
5				20				35			
6				21				36			
7				22				37			
8				23				38			
9				24				39			
10				25				40			
11				26				41			
12				27				42			
13				28				43			
14				29				44			
15				30				45			

감독위원	채점위원(1)		채점위원(2)		채점위원(3)	
(서명)	(득점)	(서명)	(득점)	(서명)	(득점)	(서명)

※본 답안지는 컴퓨터로 처리되므로 구겨지거나 더렵혀지지 않도록 조심하시고 글씨를 칸 안에 또박또박 쓰십시오.

제1회 전국한자능력검정시험 5급 답안지(2)

번호	답안란 정답	채점란 1검	채점란 2검	번호	답안란 정답	채점란 1검	채점란 2검	번호	답안란 정답	채점란 1검	채점란 2검
46				65				84			
47				66				85			
48				67				86			
49				68				87			
50				69				88			
51				70				89			
52				71				90			
53				72				91			
54				73				92			
55				74				93			
56				75				94			
57				76				95			
58				77				96			
59				78				97			
60				79				98			
61				80				99			
62				81				100			
63				82							
64				83							

수험번호 ☐☐☐-☐☐-☐☐☐☐☐ 성명 ☐☐☐☐☐
주민등록번호 ☐☐☐☐☐☐-☐☐☐☐☐☐☐ ※ 유성 싸인펜, 붉은색 필기구 사용 불가.

※ 답안지는 컴퓨터로 처리되므로 구기거나 더럽히지 마시고, 정답 칸 안에만 쓰십시오.
  글씨가 채점란으로 들어오면 오답처리가 됩니다.

제2회 전국한자능력검정시험 5급 답안지(1)

답안란		채점란		답안란		채점란		답안란		채점란	
번호	정답	1검	2검	번호	정답	1검	2검	번호	정답	1검	2검
1				16				31			
2				17				32			
3				18				33			
4				19				34			
5				20				35			
6				21				36			
7				22				37			
8				23				38			
9				24				39			
10				25				40			
11				26				41			
12				27				42			
13				28				43			
14				29				44			
15				30				45			

감독위원	채점위원(1)		채점위원(2)		채점위원(3)	
(서명)	(득점)	(서명)	(득점)	(서명)	(득점)	(서명)

※본 답안지는 컴퓨터로 처리되므로 구겨지거나 더럽혀지지 않도록 조심하시고 글씨를 칸 안에 또박또박 쓰십시오.

제2회 전국한자능력검정시험 5급 답안지(2)

번호	답안란 정답	채점란 1검	2검	번호	답안란 정답	채점란 1검	2검	번호	답안란 정답	채점란 1검	2검
46				65				84			
47				66				85			
48				67				86			
49				68				87			
50				69				88			
51				70				89			
52				71				90			
53				72				91			
54				73				92			
55				74				93			
56				75				94			
57				76				95			
58				77				96			
59				78				97			
60				79				98			
61				80				99			
62				81				100			
63				82							
64				83							

수험번호 ☐☐☐-☐☐-☐☐☐☐☐　　　성명 ☐☐☐☐☐

주민등록번호 ☐☐☐☐☐☐-☐☐☐☐☐☐☐　　※ 유성 싸인펜, 붉은색 필기구 사용 불가.

※답안지는 컴퓨터로 처리되므로 구기거나 더럽히지 마시고, 정답 칸 안에만 쓰십시오.
　글씨가 채점란으로 들어오면 오답처리가 됩니다.

제3회 전국한자능력검정시험 5급 답안지(1)

답안란		채점란		답안란		채점란		답안란		채점란	
번호	정답	1검	2검	번호	정답	1검	2검	번호	정답	1검	2검
1				16				31			
2				17				32			
3				18				33			
4				19				34			
5				20				35			
6				21				36			
7				22				37			
8				23				38			
9				24				39			
10				25				40			
11				26				41			
12				27				42			
13				28				43			
14				29				44			
15				30				45			

감독위원	채점위원(1)		채점위원(2)		채점위원(3)	
(서명)	(득점)	(서명)	(득점)	(서명)	(득점)	(서명)

※본 답안지는 컴퓨터로 처리되므로 구겨지거나 더럽혀지지 않도록 조심하시고 글씨를 칸 안에 또박또박 쓰십시오.

제3회 전국한자능력검정시험 5급 답안지(2)

번호	답안란 정답	채점란 1검	2검	번호	답안란 정답	채점란 1검	2검	번호	답안란 정답	채점란 1검	2검
46				65				84			
47				66				85			
48				67				86			
49				68				87			
50				69				88			
51				70				89			
52				71				90			
53				72				91			
54				73				92			
55				74				93			
56				75				94			
57				76				95			
58				77				96			
59				78				97			
60				79				98			
61				80				99			
62				81				100			
63				82							
64				83							

실전 모의고사 정답

5급 모의고사 1회 정답

(1) 발견
(2) 신념
(3) 순서
(4) 가속
(5) 종류
(6) 흑인
(7) 간판
(8) 독창
(9) 지성
(10) 표정
(11) 재물
(12) 위대
(13) 운해
(14) 우정
(15) 상식
(16) 결빙
(17) 화단
(18) 도착
(19) 수령
(20) 기차
(21) 결정
(22) 고체
(23) 규칙
(24) 노동
(25) 독립
(26) 유통
(27) 무선
(28) 명마
(29) 소망
(30) 세차
(31) 열망
(32) 예절
(33) 무죄
(34) 석탄
(35) 이해
(36) 고기 어
(37) 고할 고
(38) 값 가
(39) 큰·덕 덕
(40) 원할 원
(41) 패할 패
(42) 팔 매
(43) 도울 도
(44) 생각할 고
(45) 수컷 웅
(46) 허물 죄
(47) 배 선
(48) 채울 충
(49) 기를 양
(50) 호수 호
(51) 무리 류
(52) 해 세
(53) 가게 점
(54) 귀 이
(55) 익힐 련
(56) 처음 초
(57) 부를 창
(58) 본받을 효
(59) 所望
(60) 部首
(61) 節氣
(62) 體操
(63) 着陸
(64) 氣質
(65) 充實
(66) 三寒四溫
(67) 病患
(68) 料金
(69) 給食
(70) 過速
(71) 擧動
(72) 葉書
(73) 德談
(74) 敬
(75) 善
(76) 祝
(77) 原
(78) 首
(79) 主
(80) 直
(81) 果
(82) ③
(83) ⑥
(84) ⑧
(85) ①
(86) ②
(87) ⑥
(88) ④
(89) ②
(90) ④
(91) ⑥
(92) 노인을 공경함
(93) 춥고 차가운 것
(94) 말로 전해지는 것
(95) 広
(96) 礼
(97) 学
(98) ⑦
(99) ③
(100) ③

실전 모의고사 정답

5급 모의고사 2회 정답

(1) 성격
(2) 미덕
(3) 상금
(4) 객실
(5) 정지
(6) 화학
(7) 한기
(8) 철로
(9) 특종
(10) 감정
(11) 적중
(12) 교재
(13) 영웅
(14) 오한
(15) 군신
(16) 역사
(17) 상담
(18) 반도
(19) 여로
(20) 관념
(21) 재건
(22) 광고
(23) 능력
(24) 영애
(25) 훈련
(26) 육교
(27) 봉사
(28) 패망
(29) 용법
(30) 전시
(31) 완성
(32) 정전
(33) 년(연)초
(34) 운하
(35) 길흉
(36) 집 옥
(37) 손 객
(38) 말씀 설/ 달랠 세 /기뻐할 열
(39) 완전할 완
(40) 쇠 철
(41) 붓 필
(42) 다리 교
(43) 일할 로
(44) 더울 열
(45) 복 복
(46) 물 하
(47) 재주 기
(48) 차례 서
(49) 마디 절
(50) 생각할 사
(51) 위대할 위
(52) 가장 최
(53) 뜻 정
(54) 빛날 요
(55) 세울 건
(56) 생각 념
(57) 법 법
(58) 상줄 상
(59) 客室
(60) 改善
(61) 陸橋
(62) 團體
(63) 人魚
(64) 友愛
(65) 海水浴
(66) 戰爭
(67) 愛唱曲
(68) 筆順
(69) 節約
(70) 展望
(71) 性品
(72) 財産
(73) 曲線
(74) 雲
(75) 知
(76) 流
(77) 加
(78) 無
(79) 新
(80) 近
(81) 多
(82) ②
(83) ⑤
(84) ⑦
(85) ③
(86) ④
(87) ②
(88) ⑤
(89) ⑤
(90) ①
(91) ③
(92) 반드시 읽어야 함
(93) 홀로 부르는 노래
(94) 뜨거운 기운
(95) 旧
(96) 独
(97) 実
(98) ③
(99) ②
(100) ⑤

실전 모의고사 정답

5급 모의고사 3회 정답

(1) 경로
(2) 길일
(3) 조사
(4) 과거
(5) 참고
(6) 호수
(7) 필요
(8) 최고
(9) 질문
(10) 조작
(11) 전설
(12) 순위
(13) 원장
(14) 약속
(15) 만세
(16) 재산
(17) 염원
(18) 선량
(19) 정당
(20) 가격
(21) 야경
(22) 관광
(23) 기술
(24) 요금
(25) 역사
(26) 행복
(27) 매출
(28) 강병
(29) 말기
(30) 수도
(31) 중요
(32) 절친
(33) 책임
(34) 품질
(35) 허가
(36) 섬 도
(37) 들 거
(38) 책상 안
(39) 고를 조
(40) 고울 선
(41) 숯 탄
(42) 검을 흑
(43) 다툴 쟁
(44) 전할 전
(45) 홀로 독
(46) 예 구
(47) 낳을 산
(48) 씻을 세
(49) 허락할 허
(50) 맺을 결
(51) 이를 도
(52) 씨 종
(53) 쌓을 저
(54) 근심 환
(55) 붉을 적
(56) 찰 한
(57) 줄 급
(58) 코 비
(59) 物價
(60) 見聞
(61) 觀光
(62) 學期
(63) 敎壇
(64) 會談
(65) 陸地
(66) 無關心
(67) 雲海
(68) 病院
(69) 任期
(70) 鐵道
(71) 化石
(72) 凶年
(73) 停電
(74) 雲
(75) 實
(76) 觀
(77) 史
(78) 打
(79) 問
(80) 海
(81) 勝
(82) ⑥
(83) ⑤
(84) ⑧
(85) ②
(86) ①
(87) ③
(88) ⑤
(89) ④
(90) ⑥
(91) ②
(92) 희망을 잃음
(93) 따뜻한 정
(94) 반드시 이김
(95) 国
(96) 図
(97) 万
(98) ②
(99) ①
(100) ⑤